달빛도시 동물들의
권리 투쟁기

달빛도시 동물들의 권리 투쟁기

김향금 글 | 이갑규 그림

사계절

차례

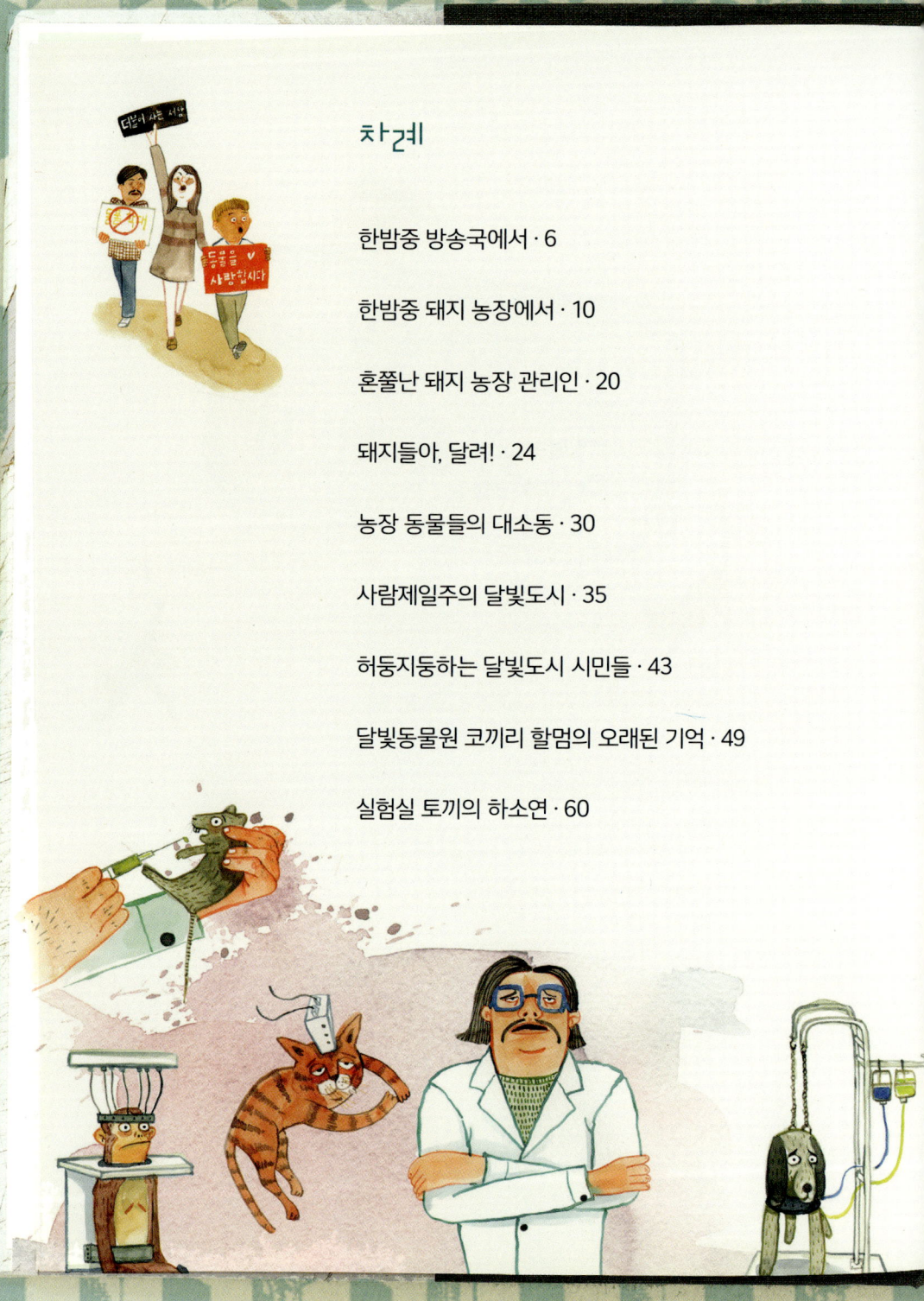

한밤중 방송국에서 · 6

한밤중 돼지 농장에서 · 10

혼쭐난 돼지 농장 관리인 · 20

돼지들아, 달려! · 24

농장 동물들의 대소동 · 30

사람제일주의 달빛도시 · 35

허둥지둥하는 달빛도시 시민들 · 43

달빛동물원 코끼리 할멈의 오래된 기억 · 49

실험실 토끼의 하소연 · 60

개와 고양이의 가출 소동 · 68

부루퉁한 나챙겨 시장님 · 74

사랑이의 눈물 · 85

동물의 편에 선 사람들 · 91

코끼리 할멈의 따뜻한 리더십 · 102

동물 대표 회의에서 · 112

동물과 사람이 더불어 산다는 것 · 121

코끼리 할멈이 발 도장을 찍다 · 128

어린이와 어른들에게 작가가 건네는 말 · 138

한밤중 방송국에서

그해 가을, 달빛도시를 발칵 뒤집어 놓은 사건이 벌어졌어요.

사건은 한밤중에 달빛방송국으로 걸려 온 단 한 통의 전화에서 비롯했지요.

사회부의 정의찬 기자는 혼자 사무실을 지키고 있었어요. 방송국 기자들은 밤사이에 나라 안팎에서 일어나는 뉴스를 따라잡기 위해서 교대로 사무실을 지킨답니다.

자정 무렵에 까무룩 졸다가 전화를 받았어요.

정의찬 기자의 말에 따르면 전화를 건 사람이 몹시 허둥댔다고 합니다.

"아니, 그게 무슨 말씀이세요?"

정의찬 기자는 수화기에서 들려오는 말을 도무지 알아들을 수 없었어요.

"지금 선생님 말씀은, 그러니까…… 돼지들이, 시위를 한다는 겁니까?"

정의찬 기자는 상대편이 하는 말이 온통 뒤죽박죽이어서 이렇게 되물었어요.

전화를 건 사람은 금세 "맞아요."라고 했다가 "글쎄요."라고 했다가 오락가락했어요.

처음에는 장난 전화인 줄 알았답니다. 밤에 사무실을 지키다 보면 술 취하거나 심심한 사람들이 가끔 방송국으로 장난 전화를 걸거든요.

"에이!"

전화를 끊으려다가, 그래도 확인은 해야겠다 싶었어요.

"아, 여보세요? 지금 계신 곳이 어디죠?"

정의찬 기자는 전화기에 대고 소리를 질렀지만 전화는 벌써 끊겨 있었어요. 전화기에서는 "뚜뚜 뚜뚜." 하는 소리만 들렸지요.

그 뒤 얼마쯤 지났을까?

정의찬 기자는 노트북을 곁눈질하다가 흠칫 놀랐어요.

방송국 홈페이지 시청자 뉴스 제보 게시판으로 제보 글들이 쏟아지고 있었어요.

정의찬 기자는 제목들을 훑어봤어요.

우리 농장 돼지들이 이상해요.
닭들이 이러는 거 처음 봐요.
어, 젖소들이 왜 이러죠?
오리랑 거위들이 보통 때랑 달라요.

정의찬 기자는 눈이 휘둥그레졌어요. 달빛도시에서 무언가 수상한 일이 벌어지고 있는 게 분명했어요.

정의찬 기자는 '우리 농장 돼지들이 이상해요.'라는 제목의 글을 열었어요. 기자의 본능대로 사진이 있는 첨부 파일부터 재빨리 클릭했지요.

"절대로, 이런 일이 벌어질 수는 없어!"

정의찬 기자는 자기 눈을 의심했어요. 첨부 파일에는 두 눈으로 보면서도 믿기지 않는 사진들이 있었거든요.

정의찬 기자는 글을 읽다가, 의자에 털썩 주저앉고 말았어요.

"어이쿠, 맙소사!"

그 글에는 이렇게 쓰여 있었어요.

우리 농장 돼지들이 말을 해요.

한밤중 돼지 농장에서

수상한 전화가 걸려 오기 서너 시간 전.

달빛도시의 변두리에 돼지 농장이 있어요. 나지막한 산자락에 농장 건물이 옹기종기 자리 잡고 있지요.

농장 입구에 자그마한 간판이 세워져 있어요. 주방장 모자를 쓴 암퇘지가 활짝 웃고 있는 그림 옆에 초록색 글자로 '활개농장'이라고 쓰여 있어요. 초록색은 친환경 농장이라고 자랑하는 거예요.

농장 안에는 현대식 돼지우리, 그러니까 돼지들이 먹고 자고 싸는 건물 두 동이 나란히 세워져 있어요. 파란색 슬레이트 지붕을 얹은 건물들은 겉보기에 깔끔했어요.

왼쪽 건물은 입구 쪽은 관리실, 안쪽은 새끼를 배거나 낳은 암퇘지들과 젖을 막 뗀 새끼들이 사는 건물이에요. 오른쪽 건물은 암퇘지들이랑 수퇘지들이 칸막이로 나뉜 방에서 사는 건물이고요.

오늘따라 달빛이 환했어요.

모두들 웅성웅성 모였어요. 어제오늘 새끼를 낳고 몸조리 중인 암퇘지들만 빼곤 다 모였지요.

하나같이 짧고 깡뚱한 꼬리를 단 돼지들만 있는 게 이상했어요. 아무리 봐도 돌돌 만 꼬리를 단 돼지는 보이지 않았어요.

"아, 내일이 '그날'이 아닐까?"

젊은 수퇘지가 신음 소리를 내자, 모두들 얼음처럼 몸이 굳어 버렸어요.

"사람들이 우릴 삼겹살로만 보지 않았으면 좋겠어!"

암퇘지가 소리쳤어요. 암퇘지가 무거운 몸을 움직일 때마다 열두 개나 되는 젖꼭지가 흔들거렸어요.

"햄으로도 보지 말아야죠!"

꼬마 돼지가 야무지게 말을 받았어요.

꼬마 돼지는 연분홍 살갗 위로 털이 보송보송했어요. 아직 비곗살이 붙지 않아 날씬했어요.

'그날'이 다가오는 발소리가 자박자박 들려왔어요.

며칠 전부터 농장 관리인이 돼지들의 몸무게를 쟀어요.

그 말은 백이십 킬로그램이 된 돼지들을 골라서 '출하(생산자가

생산품을 시장으로 내보내는 짓)'한다는 거예요. 다시 말해서 적당한 몸무게에 달한 돼지들이 도축장(고기를 얻기 위해 소나 돼지 따위의 가축을 잡아 죽이는 곳)으로 간다는 뜻이죠.

'그날'이 되면 평소에 굳게 닫혀 있던 돼지우리의 양쪽 문이 활짝 열려요.

늘 어두컴컴한 돼지우리에 햇빛 줄기가 강물처럼 쏟아져 들어오지요.

무시무시한 햇빛.

놀란 돼지들은 바깥으로 끌려 나가지 않으려고 오만 발버둥을 칩니다. 목청껏 꽥꽥거리고, 풍풍한 몸을 날려 칸막이를 뛰어넘고, 머리로 벽을 탕탕 들이박지요.

"쿵쿵."

이때였어요.

수퇘지 대장이 땅에 뭉툭한 코를 대고 벌름거렸어요.

"아! 흙냄새를 맡으니 살 거 같아!"

수퇘지 대장은 고개를 들어 바깥 공기를 깊이 들이마셨어요. 잠깐이나마 행복한 표정이 스쳐 지나갔어요.

"어휴, 곧 지옥에 갈 텐데? 꽤나 좋기도 하겠수!"

암퇘지가 수퇘지 대장한테 핀잔을 놓았어요. 암퇘지는 속으로 '오늘 모이자고 해 놓곤 웬 딴전이람?' 하며 고개를 갸우뚱했죠.

"설령 내일 죽어도 오늘 좋은 게 좋아!"

수퇘지 대장이 암퇘지의 말을 되받아쳤어요.

암퇘지들이랑 수퇘지들이 고개를 끄덕끄덕했어요.

"난 돼지우리가 정말 싫어요. 눈이 아프고 목이 따가워요. 매운 공기가 코를 찔러요."

꼬마 돼지가 컥컥대며 투덜거렸어요.

"콘크리트 바닥에 쌓인 똥오줌을 그때그때 치우지 않아서 그래. 똥오줌에서 독한 암모니아 가스가 나와서 코를 찌르는 거야. 눈도 엄청 따가워."

암퇘지가 꼬마 돼지를 다독거렸어요.

"흥, 사람들이야말로 웃겨! 자기들은 코를 싸쥐고 일 분도 견디지 못하면서 말이야."

젊은 수퇘지가 대놓고 비아냥거렸어요. 농장 관리인이 우리 안에 들어올 때마다 코와 입을 가리는 커다란 마스크를 꼬박꼬박 쓴 모습이 떠올랐거든요.

"더 이상 못 참겠어! 갑갑해! 우리 안이 너무너무 좁아!"

젊은 수퇘지가 성질을 못 이기고 꽥꽥거렸어요. 사료를 잔뜩 먹은 뱃살이 축 늘어져 있었어요. 몸에는 똥 딱지가 닥지닥지 붙어 있었죠.

"어휴, 우리 암퇘지들만 하겠어? 새끼를 밴 넉 달 동안 옴짝달

싹할 수 없이 좁은 철제 우리에 갇혀 살아. 고작해야 앉았다 섰다만 할 수 있어. 새끼를 낳으면 더 힘들어져. 아래쪽이 터진 철제 우리로 옮겨져서 하루 종일 차디찬 콘크리트 바닥에 모로 누워 새끼들한테 젖을 빨리잖아."

암퇘지가 한숨을 푹푹 내쉬며 신세타령을 했어요. 누가 말리지 않는다면 밤을 새워도 모자랄 거예요.

갑자기 암퇘지가 구슬프게 '꾸울꾸울' 울었어요.

"젖이 퉁퉁 불었어. 내 새끼들한테 젖을 물렸으면……."

어미 돼지가 고작 열흘쯤 젖을 물리고 나면 관리인이 새끼 돼지들을 자동으로 우유가 나오는 시설로 데려가 버렸어요. 새끼들은 어미랑 떨어지지 않으려고 관리인의 손에서 팔다리를 버둥거려요. 새끼를 빼앗긴 어미들은 온몸을 떨며 울지요. 젖먹이 동물인 돼지는 어미와 새끼가 일찍 떨어지면 몹시 고통스러워한답니다.

꿀꿀.

꼬마 돼지는 암퇘지가 울자 덩달아 울었어요. 제 어미랑 떨어질 때 생각이 나서 엉엉 울었지요. 그 모습을 보는 돼지들의 가슴이 찌르르 저려 왔어요.

막 태어난 새끼 돼지들은 연약해요. 칠팔 주 정도 어미젖을 배불리 먹고 어미의 보살핌을 받으면서 쑥쑥 커야 해요. 새끼 돼지한테 젖을 물리는 동안에는 어미 돼지가 새끼를 밸 수 없으니 일찌감치 젖을 떼는 거예요. 어미 돼지들은 정작 자기 새끼를 키우지도 못하면서 한배에 열 마리 전후로 한 해에 두 번 정도 새끼들을 낳느라 기진맥진했어요.

　암퇘지가 어미처럼 뭉툭한 코로 꼬마 돼지의 코를 비벼 대자 꼬마 돼지가 울음을 뚝 그쳤어요.

　"킁킁."

　그때까지 가만히 코를 킁킁거리던 수퇘지 대장이 목에 핏대를 올렸어요.

　"사람들은 우리 돼지들에 대해서 아무것도 몰라. 그래서 우리 돼지들을 막 대하는 거야!"

돼지들은 쫑긋 두 귀를 세우며 집중했어요.

"사람들은 우리 돼지들이 고통을 느끼고 감정이 풍부하다는 걸 모르지. 우리 돼지들도 개나 고래만큼 영리한 동물인데 말이야."

돼지들은 "그렇지!" 하며 추임새를 넣었어요.

"난 말이에요, 돼지처럼 미련하다는 등 돼지처럼 퍼먹는다는 등 돼지처럼 욕심이 많다는 등, 그런 소리를 들을 때마다 정말 속상해요."

꼬마 돼지가 언제 울었냐는 듯이 침을 튀기며 거들었어요.

"애야, 속상한 게 어디 그것뿐이겠니?"

암돼지가 꼬마 돼지를 살살 달랬어요.

"사람들은 우리가 어떻게 사는지 알아야 해!"
 젊은 수퇘지가 앞발로 가슴을 탕탕 치며 울분을 토했어요.
"여기, 우리가 사는 곳은,"
 수퇘지 대장이 씩씩 콧김을 내뿜었어요. 흥분을 가라앉히기 위해서 잠깐 말을 멈추었지요.
"여기는 농장이 아냐. 돼지를 기계처럼 찍어 내는 공장이야, 공장!"
 수퇘지 대장의 말에 모두들 온몸의 털이 곤두서는 느낌을 받았어요.
"공장!"
 그동안 누구나 뼈저리게 느끼면서도 제대로 표현하지 못했던 말이었어요.
"바로 그거야! 공장! 사람들은 그저 우리 머릿수만 세지. 얼른 새끼를 낳고 그 새끼가 또 새끼를 낳고."
 암퇘지가 부르르 진저리를 쳤어요.
"맞아! 공장이야, 공장! 사람들은 우릴 꼼짝도 못 하게 해서 피둥피둥 살찌기만 바라지. 살코기를 바라고!"
 젊은 수퇘지가 짤따란 앞발을 마구 휘저으며 말했어요.
"농장 아냐!"
"공장이야! 공장!"

모두들 있는 힘껏 외쳤어요. 답답한 가슴이 뻥 뚫리는 것같이 후련했어요.

"일단, 여기가 돼지가 살 만한 곳으로 바뀔 때까지 아무것도 하지 말자!"

수퇘지 대장이 가슴에 꾹꾹 눌러두었던 말을 어렵게 꺼냈어요.

"아무것도?"

암퇘지가 흠칫 놀라며 물었어요.

모두들 속으로 '그래도 될까? 나쁜 일이 일어나지는 않을까?' 걱정했지요.

"우리가 뭉치면 돼!"

수퇘지 대장이 돼지들의 속마음을 꿰뚫어 본 것처럼 말했어요.

"그래, 아무것도 하지 말자!"

"사람들을 위해서는 아무것도!"

"옳소!"

"찬성이요!"

모든 돼지들이 짝짝짝 박수를 쳤어요.

혼쭐난 돼지 농장 관리인

"허걱!"
이 장면을 몰래 지켜보던 농장 관리인은 넋이 나갔어요.
아악 비명 소리가 터져 나오는 걸 간신히 입을 틀어막았지요.
농장 관리인은 온몸을 덜덜 떨었어요.
'이게 꿈이야, 생시야? 돼지들이 말을 하네?'
머리를 벽에다 살짝궁 부딪쳐 봤어요.
"아얏!"
'꿈이 아니구나!'
농장 관리인은 제자리에 털썩 주저앉았어요.
'돼지들이 얼마나 미련한데? 저것들이 뭘 알아? 뭘 느껴?'

농장 관리인은 방금 전까지 눈앞에서 펼쳐진 광경을 두 눈으로 똑똑히 보고도 믿을 수가 없었어요.

농장 관리인은 사료를 주고 똥오줌을 치우느라 만날 돼지를 보긴 봤어요.

그러면서도 농장에서 키우는 돼지라는 게 주는 대로 사료나 받아먹고 퉁퉁하게 살찌는 동물인 줄만 알았어요. 그저 백이십 킬로그램이 되면 출하되어 지글지글 불판에 오르는 돼지가 무얼 느끼고 무얼 안다고 생각했겠어요?

"찰칵, 찰칵."

가까스로 정신을 차린 농장 관리인은 휴대 전화를 꺼내 사진을 몇 장 찍어 두었어요.

그러고는 부들부들 떨리는 손으로 방송국 전화번호를 누르고 통화 버튼을 꾹 눌렀어요.

잠시 뒤 "정의찬 기자입니다." 하는 목소리가 또렷하게 들렸어요.

농장 관리인은 갑자기 말문이 막혔어요.

"여, 여, 여보세요. 거기 방송국이죠?"

"네, 말씀하세요."

정의찬 기자가 재촉했어요.

"……."

농장 관리인은 머리가 하얘졌어요. 아무 말도 떠오르지 않았어요.
"여보세요? 어서 말씀하세요."
정의찬 기자가 자꾸 재촉하자 간신히 입을 떼긴 뗐지요.
"우리 농장 돼지들이, 그러니까 수퇘지, 암퇘지, 젊은 수퇘지, 꼬마 돼지, 누구 할 것 없이, 온갖 돼지들이 모여 있어요."
"아니, 그게 무슨 말씀이세요?"
정의찬 기자의 목소리가 높아졌어요.
"지금 선생님 말씀은, 그러니까…… 돼지들이, 시위를 한다는 겁니까?"
"아무것도 하지 않겠대요."
"네? 시위를 하는 게 아니라요?"
"맞아요."
"시위를 한다고요, 안 한다고요?"
"글쎄요."
넋이 나간 농장 관리인은 이랬다저랬다 했어요.
이때 농장 관리인의 귀에 돼지들의 함성 소리가 들려왔어요.
"저기 관리인이 있다!"
"못된 관리인에게 따지자!"
"우리의 요구 사항을 말하자!"

수퇘지 대장이 앞장서고 나머지 돼지들이 달려 나왔어요.
농장 관리인은 뒷걸음쳐서 달아나기 시작했어요.
'이럴 때가 아니야! 농장주한테 알려야지!'
'방송국에는 나중에 자세하게 알려야지.'
농장 관리인은 급히 전화를 끊고 후다닥 건물로 달려갔어요.

돼지들아, 달려!

 농장주는 농장 관리인의 전화를 받고 허겁지겁 달려왔어요.
 농장주는 말하는 돼지들을 보고는 놀라 자빠질 뻔했지요. 그렇지만 오래도록 당황할 겨를조차 없었어요.
 "우리에게 꼬리를 돌려주시오!"
 수퇘지 대장이 당당하게 요구했거든요. 아, 돼지 꼬리 모양의 화살표(⟲)를 만들어 낸, 멋들어진 돼지 꼬리 말이에요.
 "돌돌 말린 돼지 꼬리야말로 우리 돼지들의 자부심이오."
 수퇘지 대장은 무엇보다 먼저 돼지 꼬리 자르기를 금지해야 한다고 주장했어요.
 농장 돼지들은 태어난 지 사흘째 되는 날 꼬리 자르기를 해요.

　마취도 하지 않고 말이죠. 농장 돼지들은 몽땅한 꼬리를 축 늘어뜨리고 살지요.
　"안 돼! 그건 너희들을 위해서야!"
　농장주가 딱 잘라 거절했어요.
　"너희들이 나쁜 습관을 지닌 걸 까맣게 잊었구나! 너희들은 서로 꼬리를 물어뜯잖아? 그러다가 꽥꽥거리고 싸움질이나 하고. 꼬리에 상처가 나면 어떡할 거야? 약값은 누가 대고 수의사를 모셔 오는 비용은 누가 댈 건데?"
　관리인이 돼지들을 윽박질렀어요.

"그건 비좁고 더러운 우리에서 수만 마리의 돼지들이 우글거려서 그런 것이오. 우리 돼지들은 호기심이 많고 장난을 좋아하오. 우리들이 스트레스를 받지 않도록 넓고 깨끗한 우리로 바꿔 주시오."

수퇘지 대장이 점잖게 반박했어요.

농장주와 관리인은 구석으로 가서 머리를 맞대고 쑥덕거렸어요. 요리조리 셈을 해 보고 손해와 이익을 따져 봤지요.

"우리한테 손해야! 비용이 많이 들 거야!"

농장주가 고집스럽게 머리를 저으며 말했어요.

"돼지들의 요구를 순순히 들어주었다가는 나중엔 사람 머리 꼭대기에 올라가려고 할 거예요."

관리인도 같은 생각이었어요.

농장주는 맞불 작전으로 나가기로 했어요. 수퇘지 대장의 요구를 들어주기는커녕 먹이와 물조차 주지 않기로요.

돼지들은 곧바로 항의하고 나섰어요.

이제껏 힘이 없어서 사람의 말을 고분고분 들은 게 아니었거든요. 수퇘지 대장만 해도 백 킬로그램을 훌쩍 넘는 덩치에 성질이 나면 뭉툭한 코로 뭐든지 때려 부술 만큼 힘이 셌어요.

모든 돼지들이 힘을 합쳐 농장 우리를 박차고 나갔어요.

와장창 문짝이 부서져 나갔어요.

수퇘지 대장이 앞장서고 이만 마리가 넘는 돼지들이 꿀꿀거리며 길거리로 쏟아져 나왔어요.

"아뿔싸! 우린 망했다!"

이 모습을 본 농장주와 관리인은 제자리에 주저앉아 엉엉 울고 말았어요.

발름발름.

수퇘지 대장은 맑은 공기를 흠씬 마셨어요. 폐 속까지 맑은 공기를 깊이 들이마시다가 길게 내뱉었어요.

수퇘지 대장이 외쳤어요.

"자, 돼지들아! 달려!"

돼지들은 달렸어요.

일분일초도 망설이지 않았어요.

가슴을 활짝 펴고, 코를 쳐들고, 고개를 빳빳이 들고, 네발로 땅을 힘차게 내디뎠어요.

농장의 철문을 지나, 오솔길을 지나, 진흙탕 길에서 한참을 뒹굴다가, 산길을 지나, 고속 도로를 신나게 달렸어요.

철제 우리에서 태어나서, 평생 좁은 우리에 갇혀 살다가, 처음으로 자유의 공기를 마시며, 있는 힘껏 달음박질을 쳤지요.

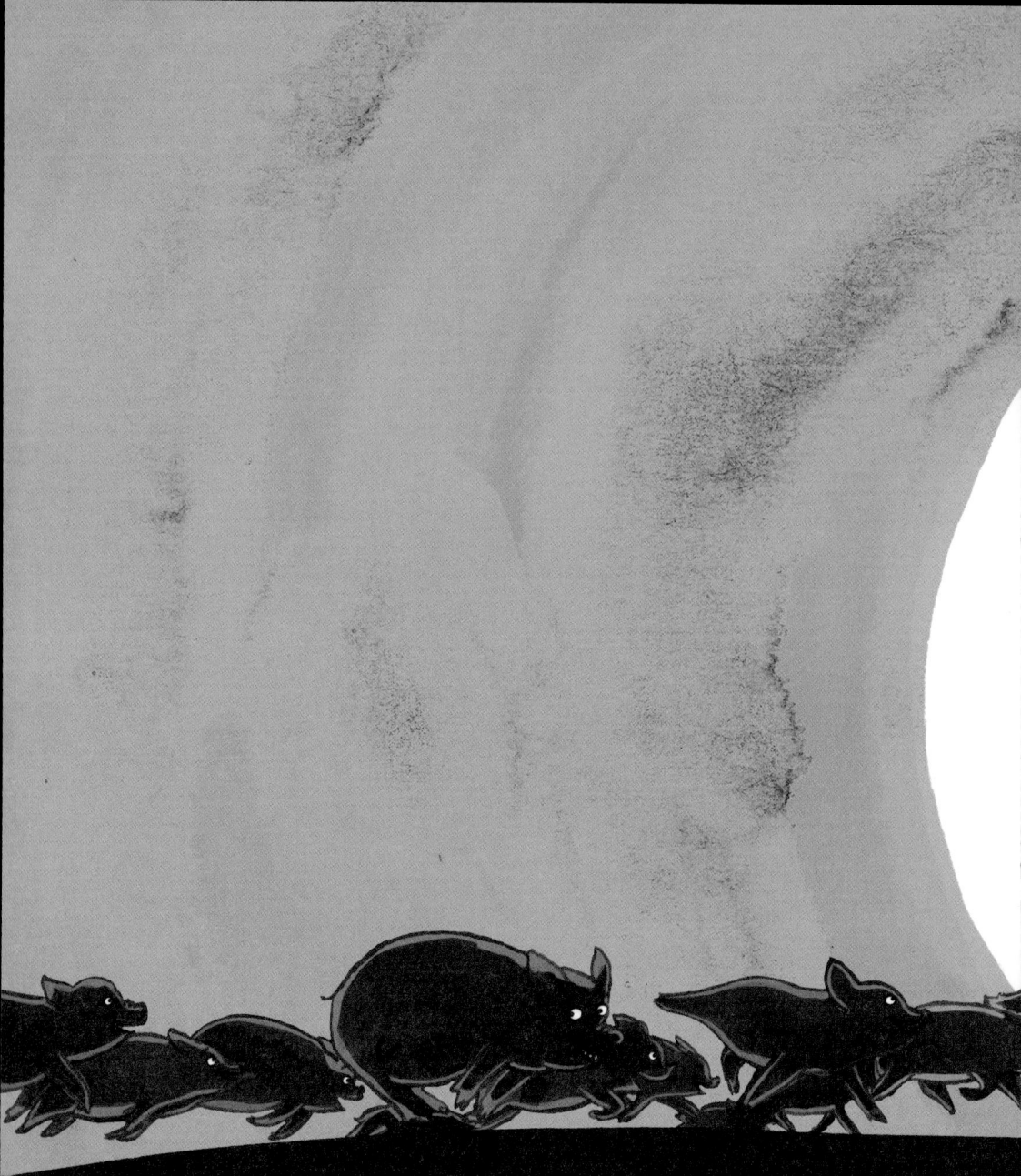

농장 동물들의 대소동

"농장 돼지들이 들고일어났대!"

농장 돼지들의 소식은 달빛도시에 사는 동물들 사이에 빠르게 퍼져 나갔어요.

"구구 구구."

거리의 청소부인 비둘기가 골목골목을 날아다니며 뉴스를 물어다 주었어요. 밤거리를 어슬렁거리는 길고양이도 한몫 거들었어요.

달빛도시는 온통 벌집 쑤시어 놓은 듯 난리가 났어요. 가장 먼저 반응한 건 처지가 비슷한 농장 동물들이었어요.

농장 동물들은 끼리끼리 모여 이야기를 나누고, 의견을 모으고, 곧바로 행동으로 옮겼어요.

오랫동안 참아 왔지만, 판단은 정확했고, 행동은 재빨랐지요.

"농장 아냐!"

"공장이야! 공장!"

농장 돼지들에 이어 농장 닭들이 꼬꼬댁 들고일어났어요.

"우리는 알 낳는 기계가 아니다!"

"날개 한번 활짝 펴 보는 게 평생소원이다!"

"우리에게 횃대를 보장하라!"

"우리는 닭대가리가 아니다!"

농장 닭들은 매콤한 공기 때문에 눈도 뜨지 못하는 닭장에서 푸드덕거렸죠.

"농장 아냐!"

"공장이야! 공장!"

농장 닭들에 이어 농장 젖소들이 음매 들고일어났어요.

"우리는 우유 짜내는 기계가 아니다!"

"소젖은 송아지에게, 사람 젖은 아기에게!"

젖소들은 지금까지 정작 제 새끼한테는 젖도 주지 못하고 사람

에게 우유를 몽땅 빼앗기며 살았어요.

"농장 아냐!"

"공장이야! 공장!"

농장 젖소들에 이어 농장 말들이 히힝 들고일어났어요.

"우리에게 재갈을 물리지 마라!"

"채찍으로 때리지도 마라!"

농장 말들은 경기에 나가기 위해 고된 훈련을 받았죠. 말에게 재갈을 물리곤 고삐를 잡아당겨 말을 멋대로 부렸어요. 걸핏하면 채찍질을 해 댔지요.

"농장 아냐!"

"공장이야! 공장!"

농장 말들에 이어 농장 오리들이랑 거위들이 꽥꽥 들고일어났어요.

"산 채로 우리 털을 뽑지 마! 너무 아프다고!"

오리들이랑 거위들은 산 채로 털을 뜯겼어요. 오리털이랑 거위털은 사람들의 겨울용 점퍼나 이불속으로 쓰였지요. 어쩔 수 없이 벌거숭이로 겨울을 날 때도 있었어요.

"우리는 사람들을 위해서는 아무것도 하지 않겠다!"

농장 동물들은 모두모두 선언에 참여했어요.

이 모든 게 한밤중에 일어난 소동이었지요.

사람제일주의 달빛도시

 여러분은 이토록 수상한 사건이 벌어진 달빛도시가 어떤 곳인지 궁금하지 않나요?
 달빛도시를 돌아다니다 보면 흔히 마주치게 되는 큼지막한 세움 간판이 있어요. '사람제일주의 달빛도시'라고 씌어 있는 이 간판이 모든 걸 말해주지요.
 이 구호는 나챙겨 씨가 시장 후보로 나설 때부터 부르짖던 거였어요. 달빛도시에서는 언제 어디서나 사람을 제일로 대접한다는 거였죠. 나챙겨 씨는 사람제일주의를 달빛도시에서 실현하고자 하는 야망을 품고 시장 선거에 출마했죠.
 "사람제일주의를 실현하자!"

이 얼마나 달콤한 구호입니까? 달빛도시의 시민들은 나챙겨 씨의 공약에 홀딱 반했어요. 앞을 다투어 나챙겨 씨에게 투표했죠. 나챙겨 씨는 상대편 후보를 엄청난 표 차이로 이기고 당선되었어요.

나챙겨 씨는 당선 연설에서 주먹을 불끈 쥐고 열변을 토했어요.

"여러분, 사람이야말로 정말이지 특별한 존재입니다!

이 우주에서, 이 지구에서, 동물과 식물을 포함한 자연계에서, 사람을 제일로 치는 거야 당연한 일 아니겠습니까? 사람이 만물의 영장인 걸 부정할 수가 있나요? 사람만큼 높은 지능과 사회성, 도덕성을 지닌 존재가 있나요?

동서양의 모든 현자들과 종교의 가르침도 결국 사람이 가장 소중하다는 것이지요.

사람이 제일입니다. 사람제일주의 만세!"

달빛도시 시민들은 열광했어요. 시민들은 '사람제일주의'를 입에 달고 살았죠.

나챙겨 시장님이 사람을 얼마나 귀하게 여기는지 알 수 있는 사건이 있었어요.

얼마 전에 양계장 닭에 관한 특별 취재 보도가 텔레비전 저녁 뉴스 시간에 나온 적이 있었어요.

한 동물 보호 단체에서 방송국 카메라를 앞세워, 양계장에 몰래 들어가서 취재를 했지요.

그때 마침, 나챙겨 시장님은 막 배달된 닭튀김 상자를 열고 있었어요.

회의가 길어져서 저녁 먹을 시간을 놓쳤거든요. 나챙겨 시장님은 일을 돕는 보좌관들과 닭 다리를 열심히 뜯으며 뉴스를 봤

어요.

뉴스 진행을 맡은 앵커가 막 현장과 연결하는 중이었어요.

"다음은 정의찬 기자의 '생생 현장' 시간입니다. 정의찬 기자 나오세요!"

"네, 사회부 정의찬 기자입니다. 저는 지금 달빛도시의 변두리에 위치한 양계장에 나와 있습니다."

"네, 현장 소식을 전해 주시죠."

방송국 카메라에 비친 양계장 닭들의 현실은 끔찍했어요.

"희뿌연 불빛 아래에서 수만 마리의 닭들이 뒤엉켜 살고 있습니다. 양계장에서는 고기나 달걀을 얻기 위해 대량으로 닭을 키우지요.

창문도 없는 어두컴컴한 양계장 안에는 상자 모양의 닭장이 층층이 쌓여 있고, 닭장 안에 욱여넣은 닭들은 평생 날개 한번 제대로 펴 보지 못하고 꾸역꾸역 살아가고 있습니다."

정의찬 기자가 뉴스를 전하는 동안 나챙겨 시장님은 인상을 잔뜩 찌푸렸어요.

"지금 양계 농가들이 적자라고 난리인데, 저런 뉴스를 내보내면 어쩌자는 거야?"

"양계 농민들의 시름이 깊어지고 있다는 뉴스를 내보내야지요."

보좌관들이 맞장구를 쳤어요.

"양계 농민들이 힘든 마당에 도와주지는 못할망정."

나챙겨 시장님이 못마땅한 듯 혀를 끌끌 찼어요.

텔레비전 화면에서는 양계장 닭들이 사는 환경을 고치려면 어떻게 해야 하는지에 대한 보도가 이어지고 있었어요.

"채널을 돌리게."

나챙겨 시장님이 보좌관에게 명령했어요.

"사람이 닭보다 먼저지. 양계장 농민들부터 먼저 챙겨야지. 안 그런가?"

나챙겨 시장님이 한심하다는 듯이 탁자를 탕탕 치며 말했어요.

"그럼요. 사람이 굳이 닭의 편을 들 필요는 없지요!"

보좌관들이 두말하면 잔소리라는 듯이 냉큼 말을 받았어요.

"닭들이 뭘 알아? 뭘 느껴?"

나챙겨 시장님은 닭튀김에서 가는 뼈를 발라내며 말했어요.

"오죽하면 닭대가리라는 말이 나왔을까요?"

보좌관들이 고개를 끄덕이며 맞장구쳤어요. 그러곤 닭튀김을 마구 흔들며 소리쳤죠.

이런 나챙겨 시장님한테 불도저라는 별명이 붙었어요.

나챙겨 시장님은 불도저라는 별명답게 달빛도시의 모든 분야에서 사람제일주의를 철저하게 밀어붙였어요. 산을 뚫어서 자동차들이 쌩쌩 다닐 수 있는 터널을 내고, 숲을 파헤쳐 고층 건물 숲을 세웠지요. 사람들이 편리하게 사는 걸 최고로 쳤어요.

"터널을 뚫으니 길이 뻥뻥 뚫려서 편리해요."

"시간이 절약되고 사고도 훨씬 줄었어요."

"이번에 새로 지은 백이십 층짜리 고층 건물이야말로 달빛도시의 자랑거리예요!"

달빛도시 시민들은 환호했어요.

"어린이들은 동물을 가까이해야 합니다."

나챙겨 시장님은 달빛도시의 미래를 짊어질 어린이들에게도 특별한 관심을 지녔어요.

나챙겨 시장님은 선거 공약대로 커다란 동물원을 도시 외곽에 뚝딱뚝딱 세웠지요.

엄청난 돈을 들여 사자와 기린과 코끼리, 호랑이와 침팬지, 북극곰과 회색늑대를 수입했어요.

깔끔하게 지은 콘크리트 건물 안에 방을 다닥다닥 만들어서 더운 곳, 추운 곳 가리지 않고 세계 여러 곳에서 사는 동물들을 한 곳에 몰아넣었어요.

얼마나 효율적인지요!

어린이들은 온갖 야생 동물을 편리하게 구경할 수 있게 되었지요.

동물원 문을 열기도 전에 유치원과 초등학교에서 단체 견학 신

청이 쏟아졌어요.

동물원을 정식으로 여는 날, 나챙겨 시장님은 직접 동물원을 방문해서 어린이들과 함께 돌고래 쇼도 관람했지요.

"여러분, 다 함께 치즈!"

나챙겨 시장님이 활짝 웃었어요. 공으로 온갖 재주를 부리는 돌고래를 배경으로 어린이들과 함께 찍은 대문짝만한 사진이 시청의 집무실에 자랑스럽게 걸려 있어요.

그뿐 아니라 나챙겨 시장님은 나이 들거나 병든 사람들을 위해서도 신경을 썼지요.

대학교에 딸린 동물 실험 연구소에 어마어마한 예산을 배정해서 사람의 질병을 연구하도록 적극 지원했고요. 그 결과 흰쥐나 토끼나 침팬지를 대상으로 한 실험 횟수가 눈에 띄게 늘어났지요.

나챙겨 시장님은 숲이나 동물쯤은 사람의 편리함을 위해서 희생할 수도 있다는 신념을 지녔어요. 시민들도 나챙겨 시장님의 신념을 적극 지지했답니다.

허둥지둥하는 달빛도시 시민들

날이 밝아 왔어요.
"허걱!"
"어머나!"
달빛도시 시민들은 잠자리에서 일어나자마자 외마디 소리를 질렀어요.
농장 동물들의 소식을 처음 알게 된 뒤에 나온 반응이지요.
"아얏!"
잠에서 덜 깬 것처럼 얼떨떨해서 이게 꿈인지 아닌지 확인하려고 제 볼을 꼬집어 보는 사람도 있었어요.
"오늘이 만우절 아니지?"

"장난 기사 아냐?"

모두들 충격에서 헤어나지 못했어요.

도무지 말이 안 되는 뉴스를 곧이곧대로 믿어야 될지 말아야 될지 갈팡질팡했어요.

"동물들이 말한다는 게 말이 돼?"

"내 말이! 그리고 동물들이 뭘 안다고 농장이니 공장이니 앓는 소리를 해?"

시민들은 설왕설래했어요.

새벽 뉴스는 정의찬 기자가 발 빠르게 움직인 덕분이었어요.

정의찬 기자는 제보 전화를 받고, 사회부 부장에게 즉시 보고를 올렸어요.

거칠게나마, 그때까지 들어온 소식으로 기사를 작성했어요. 기사를 읽은 기자들은 방송국으로 뛰어왔지요.

정의찬 기자가 쓴 뉴스는 인터넷을 통해 전국으로 퍼져 나갔어요.

새벽에 컴퓨터를 켠 달빛도시 시민들은 일찌감치 뉴스를 읽게 되었지요.

아침이 되자 달빛도시는 벌집을 쑤셔 놓은 것 같았어요.

우유 없음!
달걀 없음!

이런 팻말을 내건 상점들이 늘어났어요.

당장 아침에 먹을 신선한 우유와 달걀이 동이 났어요. 달빛도시 시민들은 발을 동동 굴렀어요.

"우리 아기가 먹을 우유가 떨어졌어요."

아이를 안은 엄마가 어쩔 줄 몰라 했어요.

오늘 문 닫음!

시내에 있는 스테이크 전문점과 삼겹살집, 돼지갈비집과 소갈비집, 불고기 전문 식당 들이 차례차례 문을 닫았어요.

뭣도 모르고, 닭튀김 가게의 전화통만 불이 났지요.

"닭튀김 한 마리 배달이요!"

"죄송하지만, 배달이 안 됩니다."

"왜요?"

"닭이 있어야 튀기죠."

달빛도시에 한 집 걸러 있던 닭튀김 가게들도 모두 문을 닫아 걸었어요.

마트에서 햄과 베이컨 판매대 앞에 선 한 아주머니가 고개를 갸우뚱했어요.

"햄이랑 베이컨은 공장에서 만드는 게 아닌가요?"

닭고기 판매대 앞에서도 마찬가지였어요.

"닭고기 공장이 돌아가지 않아요?"

달빛도시 시민들은 왜 이런 반응을 보인 것일까요?

그건 이래서 그렇대요.

마트나 정육점에서는 돼지고기와 닭고기, 쇠고기를 부위별로 팔지요.

스티로폼에 정갈하게 담고 비닐로 포장해서는 붉은 형광등을 켠 냉장고 안에 먹음직스럽게 진열해 놓아요. 우유는 투명한 플라스틱병이나 종이 팩에 담겨 있고요. 달걀은 달걀판에 가지런히 담긴 채로 쌓여 있지요.

이러니 달빛도시 시민들은 돼지와 삼겹살구이, 암소와 불고기, 젖소와 우유, 닭과 닭튀김이 바로바로 연결되지 않았어요.

농장 동물들이 형편없이 산다는 걸 알아도 고기를 맛있게 먹을 때는 까맣게 잊었지요. 하기야 고기나 우유를 먹을 때마다 그 동물들을 꼬박꼬박 연결시키면 먹고 사는 게 얼마나 피곤하겠어요?

이런 가운데, 달빛도시에 사는 동물들이 그간 쌓아 온 감정을 폭발시키는 일이 잇달아 터졌습니다.

달빛동물원 코끼리 할멈의 오래된 기억

농장 동물들의 소식은 달빛동물원에도 전해졌어요.

코끼리 할멈이 가장 먼저 소식을 알게 되었어요. 동물원 안팎을 날아다니는 까치가 귀띔해 준 덕분이었지요.

코끼리 할멈은 뛸 듯이 기뻐했어요.

올해 예순 살이 된 코끼리 할멈은 덩치가 크고, 힘세고, 영리해요.

코끼리 할멈은 긴 코로 바람을 불어 뿌우뿌우 기분 좋게 노래를 불렀지요.

"이제야 동물들이 정신을 차렸구나!"

"뿌우!"

다른 코끼리들도 얼씨구나 좋아서 노래를 따라 불렀죠.
실룩실룩.
아기 코끼리는 신나서 엉덩이춤도 췄답니다.
코끼리 할멈은 동물원에서 인기가 좋았어요.
코끼리뿐만 아니라 다른 동물들도 믿고 따랐지요. 대개 나이 들수록 괴팍스러워지기 마련인데 코끼리 할멈은 더욱더 지혜롭고 너그러워졌어요.
코끼리 할멈이 할 이야기가 있다며 코끼리들을 불러 모았어요.

코끼리 할멈은 발걸음을 옮길 때마다 절뚝거렸어요.

"어디 아파요?"

아기 코끼리가 걱정스럽게 물었어요.

"무릎이 말썽이구나."

요즘 들어 코끼리 할멈은 부쩍 다리를 저는 일이 잦아졌어요. 무릎이 욱신거렸어요.

"이게 다 동물원에서 생긴 고질병이란다. 딱딱한 콘크리트 바닥은 우리같이 덩치가 크고 몸무게가 많이 나가는 코끼리의 무릎에 정말 좋지 않아."

"동물원이 아닌 곳에서는 어떻게 사는데요?"

아기 코끼리가 아장아장 걸으며 물었어요.

아기 코끼리는 동물원에서 태어났기 때문에 야생 코끼리의 생활을 알지 못했어요.

"우리 코끼리는 원래 아프리카나 아시아의 숲에서 살았단다. 야생 코끼리는 언덕을 오르내리거나 시냇물을 건너 가며 하루에도 몇 킬로미터씩 씩씩하게 걸어 다니지. 흙을 밟고 강물을 헤엄치며 충분히 운동을 하니 무릎 관절이 튼튼하지."

코끼리 할멈은 친절하게 설명해 준 뒤 어렵게 입을 떼었어요.

"나는 밤마다 나쁜 꿈에 시달린단다. 꿈에서 깨어나면 온몸에서 식은땀이 나지."

"헉, 그게 무슨 말이에요?"
코끼리 할멈의 말에 모두들 깜짝 놀랐어요.
늘 상냥한 코끼리 할멈이 남모르는 고통에 시달린다고는 아무도 상상하지 못한 일이었어요.
"아주 오래전 일이란다. 내가 아기 코끼리였을 때 일이니까."
코끼리들은 커다란 귀를 팔랑거려 이따금씩 부채질하며 이야기를 들었어요.

"나는 아프리카의 숲에서 태어났단다. 엄마, 이모, 사촌들이랑 같이 평화스럽게 살고 있었지. 우두머리 암컷 코끼리가 무리를 이끌고 있었어. 우두머리 암컷 코끼리는 먹이와 물이 있는 곳을 기막히게 잘 아는 능력 있는 코끼리였단다."

"할머니처럼요?"

코끼리 할멈의 거대한 배 밑에서 장난을 치던 아기 코끼리가 물었어요. 코끼리 할멈은 코로 아기 코끼리를 다정하게 쓰다듬어 주었죠.

"어느 날, 총을 든 사냥꾼들이 숲으로 쳐들어왔지. 우두머리 암컷 코끼리가 사냥꾼의 총에 맞아 쓰러지는 걸 두 눈으로 똑똑히 봤어!

우리 코끼리 무리는 뿔뿔이 흩어져서 세계의 동물원으로 팔려 갔지. 나도 사냥꾼한테 잡혀서 트럭을 타고, 비행기를 오래오래 타고, 달빛도시로 오게 되었어."

여기서 코끼리 할멈의 슬픈 이야기는 끝났어요.

"동물원에서 트럭 소리가 들리면 아직도 몸이 덜덜 떨린단다."

코끼리 할멈은 가슴이 마구 뛰는지 목소리를 가늘게 떨며 말했어요.

코끼리들은 기억력이 아주 뛰어나요.

코끼리 할멈 역시 어릴 적에 겪은 일을 또렷이 기억했어요. 코끼리 할멈은 오랜 세월이 지났건만, 어릴 적에 겪은 사건을 나쁜 꿈으로 계속 꾸고 있었어요.

슬픈 기억은 오래오래 가고 마음에 난 깊은 상처는 잘 아물지 않았어요.

이야기를 듣던 코끼리들은 눈물을 흘렸어요. 코끼리들은 대부분 숲에서 살다가 끌려온 아픈 기억을 지니고 살고 있었지요.

"사람들이 시도 때도 없이 우리를 구경하는 게 정말 싫어요."

"우리는 부끄러움도 알고, 슬픔도 알고, 기쁨도 아는 코끼리잖아요?"

"마음껏 돌아다니고 싶어요. 동물원은 너무 갑갑해요."

"한겨울에 유리 벽에 갇혀서 구경거리가 되는 거 정말 딱 질색이에요."

코끼리들이 하나둘씩 불만을 털어놓았어요.

"농장 동물들이 용감하게 나섰다는구나! 우리도 이제 행동으로 나설 때가 됐다!"

코끼리 할멈이 코끼리들에게 단호하게 말했어요.

"옳소!"

코끼리들은 기다란 코를 출렁거리며 코끼리 할멈의 제안에 찬성했어요.

코끼리 할멈의 지시에 따라서 코끼리들이 다른 동물들에게 은밀하게 연락을 했어요.

동물원은 온통 동물들이 수군대는 소리로 가득했어요.

그런 뒤부터 작은 소동이 동물원 곳곳에서 벌어졌어요.

"야야, 우리 좀 쳐다봐!"

동물원에 놀러 온 구경꾼들 중에 짓궂은 사람이 있었어요.

침팬지가 구경꾼을 쳐다보자, 구경꾼이 갑작스레 침팬지의 얼굴을 향해 귤을 던졌어요.

다행히, 침팬지는 재빨리 귤을 잡아챘어요.

"어쭈, 제법이네?"

구경꾼은 침팬지에게 주먹질을 해 보이며 약을 올렸어요.

침팬지는 얼굴이 붉으락푸르락할 정도로 화가 났어요.

같이 온 구경꾼들은 낄낄거리며 화를 내는 침팬지의 사진을 마구 찍어 댔고요.

"그만해! 누가 너한테 귤을 던지고 주먹질을 해 대고 아무 때나 사진을 찍으면 좋겠니?"

갑자기 침팬지가 구경꾼에게 꾸지람을 했어요.

구경꾼은 말하는 침팬지를 보고 걸음아 날 살려라! 하고 도망쳤어요.

회색늑대는 좁은 우리 안을 끊임없이 왔다 갔다 했어요.

"엄마, 이 늑대는 왜 같은 행동을 되풀이해?"

구경 온 아이가 제 엄마한테 물었어요.

"지겨워서 그래! 너라면 좁은 우리에서 무얼 하겠니?"

회색늑대가 아이한테 불쑥 대답했어요.

말하는 늑대를 보고 아이는 울음을 터뜨리고 말았어요.

아이 엄마는 털썩 자리에 주저앉고 말았고요.

곧이어 동물원에서 동물들의 함성이 울려 퍼졌어요.

"우리는 구경거리가 아니다!"

코끼리들이 먼저 외치고 다른 동물들이 따라 했어요.

"우리를 쇠창살에 가두지 마라!"

충격에 빠진 구경꾼들은 동물원 측의 안내 방송에 따라 긴급히 대피했어요.

달빛동물원의 철문은 굳게 닫혔답니다.

실험실 토끼의 하소연

"어째서 이런 일들이 계속 벌어지지?"
"우리가 동물들을 너무 함부로 대했나?"
달빛방송국에는 팽팽한 긴장감이 돌았습니다. 농장 동물들에 이어서 동물원 동물들도 항의 시위에 들어갔다는 뉴스에 모두들 바짝 긴장했어요.
달빛방송국에서는 긴급회의가 한창입니다. 사회부 부장과 사회부 기자들이 모였어요.
"지금까지 다루어지지 않은 동물 문제는 없을까요?"
"실험용 동물은 어때요?"
정의찬 기자가 아이디어를 냈어요.

"오! 좋다. 당장 취재해!"

사회부 부장이 책상을 탁 치며 좋아했어요.

"실험용 동물에 대해서 취재하고 싶은데요."

"안 됩니다."

하지만 정의찬 기자는 시작부터 벽에 부딪혔어요.

동물 실험 연구소에 열 번 전화 걸면 열 번 모두 거절당했어요.

정의찬 기자는 동물 실험 연구소에서 일하는 대학 동창에게 부탁해서 간신히 실험용 토끼를 취재할 수 있게 되었어요. 카메라

기자와 함께 방송국 차를 타고 서둘러 인터뷰를 하러 갔답니다.
정의찬 기자는 방송에 앞서 토끼를 미리 인터뷰하기로 했어요.
인터뷰를 위해 만난 토끼는 이상한 행동을 했어요. 앞발로 자꾸 눈을 비볐어요.
토끼한테 그동안 있었던 일들을 전해 들었죠. 정의찬 기자는 말하는 토끼를 봐도 그리 놀랍지 않았어요.
드디어 방송국 카메라가 돌아갔어요.
"눈이 쿡쿡 쑤시고, 쓰라려요."
정의찬 기자가 마이크를 내밀자, 유난히 빨간 눈을 한 토끼가 눈물이 그렁그렁한 채 말했어요.
"어쩌다가 눈이 그렇게 붉게 충혈되었죠?"
"연구원들이 눈에다 화장품 방울을 떨어뜨렸어요."
방송국 카메라가 붉게 충혈되고, 염증이 생겨서 우툴두툴한 토끼의 눈을 클로즈업(배경이나 인물의 일부를 화면에 크게 확대해서 보여 주는 일)

63

했어요.

"끔찍하군요. 연구원들이 화장품 방울을 떨어뜨리는 동안, 피하거나 저항할 수는 없었나요?"

"피할 수 있었다면 피했겠죠. 우리 토끼들을 목만 내밀 수 있는 틀에 가두어 놓아서 저항은 꿈도 꾸지 못했어요."

"이건 고문에 해당하는데요."

"실험이 다 끝나고 나서야 간신히 풀려났어요."

"실험이 끝난 뒤, 치료는 해 주지 않았나요?"

"전혀요. 토끼들끼리 서로 눈을 핥아 준 게 전부예요."

인터뷰를 마친 정의찬 기자가 카메라 쪽으로 몸을 돌렸어요.

"이 토끼는 화장품 회사에 딸린 동물 실험 연구소에 있었다고 합니다.

연구원들은 화장품이 사람의 눈에 들어갔을 때 안전한지를 알아내기 위해서 토끼를 대상으로 실험했다고 하는데요.

화장품 용액을 수십 번이나 토끼의 눈에 넣었답니다.

토끼들을 꼼짝도 못 하게 가두어 두고 실험을 한 뒤에는 기본적인 치료조차 해 주지 않았다고 합니다."

카메라가 온몸을 바들바들 떨고 있는 토끼를 비추었어요.

잠시 뒤, 토끼는 급히 도착한 수의사의 차를 타고 동물 병원으로 옮겨졌어요.

카메라가 마이크를 잡은 정의찬 기자를 다시 잡았어요.

"방금 도착한 수의사 말에 따르면, 이 가엾은 토끼는 눈이 완전히 멀 수도 있다고 합니다. 이런 동물 실험에 대해 달빛도시 시민들은 어떻게 생각할까요? 동물 실험에 대한 시민들의 반응을 알아보겠습니다."

정의찬 기자는 길 가는 시민들에게 무작정 마이크를 들이대며 인터뷰를 요청했어요.

"좀 잔인하군요. 하지만 화장품이 사람들에게 해를 끼칠 수도 있으니 동물 실험을 하는 게 낫지 않나요?"

나이 지긋한 아주머니가 고개를 갸웃거리며 말했어요.

"토끼가 진짜로 아플까요?"

안경을 쓴 점잖은 아저씨가 힘힘 헛기침을 하며 말했어요.

"아, 그 말씀이 무슨 뜻이죠?"

정의찬 기자가 바짝 파고들며 질문을 던졌어요.

"괜한 호들갑 아닐까요? 토끼가 사람처럼 고통을 느낄 리가 있겠습니까?"

점잖은 아저씨는 말끝을 얼버무리며 얼른 자리를 떴어요.

정의찬 기자는 동물 보호 단체에 연락해서 급히 인터뷰를 요청했어요.

"무슨 일을 하십니까?"

"저는 평범한 회사에 다녀요. 동물 보호 단체에 가입해서 활동하고 있고요."

소개를 마친 단발머리 아가씨가 답답하다는 듯이 말했어요.

"토끼한테 안전하다고 사람한테도 안전하다는 보장이 있나요? 사람의 아름다움을 위해서 토끼가 희생하는 건 옳지 않아요."

단발머리 아가씨는 동물 실험이 널리 이용되는 약품 개발의 예를 들었어요.

"동물 실험에서 안전하다고 해도 사람한테 해로울 수가 있대요. 1953년에 개발된 '탈리도마이드'라는 약은 동물 실험에서 안전하다고 나왔어요.

입덧에 시달리는 임신부들이 마음 놓고 먹었죠. 그 결과, 팔다리가 짧거나 아예 없는 아기들이 쉰여 개 나라에서 만 이천 명 넘게 태어났어요."

"끔찍한 사건이네요!"

정의찬 기자가 마이크를 다시 단발머리 아가씨에게 넘겼어요.

"거꾸로, 동물 실험에서 해롭다고 나왔지만 사람한테 이로운 약도 있어요. 예를 들어 페니실린은 폐렴균 같은 세균을 죽이는 데 특효약인데요, 동물 실험 결과만 믿었다면 페니실린같이 중요한 약이 절대 개발되지 못했을 거예요."

카메라가 다시 정의찬 기자를 향했어요.

"네. 좋은 말씀 감사합니다. 지금까지 토끼를 대상으로 한 동물 실험에 대한 달빛도시 시민들의 생각을 들어 보았습니다. 달빛방송국 정의찬 기자였습니다."

정의찬 기자의 인터뷰는 전파를 타고 텔레비전으로 방송되었어요.

방송을 본 달빛도시 시민들은 다들 토끼가 불쌍하다고 했죠. 하지만 동물 실험을 금지하자는 데는 반대했어요.

'동물 실험으로 위험을 미리 걸러 내야 한다.'라는 주장이 압도적으로 많았어요.

그렇지만 불쌍한 토끼의 하소연이 달빛도시의 동물들에게는 큰 충격을 주었지요.

"우리 동물들도 아픔을 느낀다고!"

동물들은 토끼가 겪은 일이 남의 일 같지 않았어요.

"사람들이 진짜 너무해!"

달빛도시에 사는 개들이랑 고양이들은 단단히 뿔났어요.

사람들이랑 같이 사는 만큼 놀라움과 배신감이 컸던 거예요.

개들이랑 고양이들은 주인 곁을 떠나 무턱대고 집을 나왔어요.

이렇게 길거리로 쏟아져 나온 개들이랑 고양이들만 해도 수십만 마리나 됐으니 난리도 이런 난리가 없었죠.

집 나온 개 가운데 행복이라는 개가 있었어요.

개가 우연히 만난 고양이한테 말을 걸었어요.

"난 행복이야."

개가 꼬리를 살랑살랑 흔들며 이름을 먼저 밝혔어요.

"난 나래야."

고양이가 꼬리를 빳빳하게 세우며 자기소개를 했어요.

"냥이야, 난 사람들한테 실망했어."

"나도 마찬가지야."

고양이가 구시렁거렸어요.

개랑 고양이는 주인이 붙여 준 이름으로 서로를 부르지는 않았어요. 그건 어디까지나 사람들이 부르는 이름이거든요.

"어쩐지 불쌍한 토끼 이야기가 남의 얘기 같지 않아."

"토끼를 키우는 집들도 많잖아?"

"기막혀. 비글 강아지한테도 동물 실험을 한대."

개가 얼굴을 찡그리며 말했어요.

"진짜?"

고양이가 금시초문이라는 듯이 눈동자를 크게 떴어요.

"응. 비글이 몸이 튼튼하고 인내심이 강하다고 실험에 이용한대. 비글이 어떤 개냐면 스누피 알지? 스누피의 모델이 된 개야."

"아, 그 귀가 길쭉한 개를 말하는 거구나!"

개랑 고양이는 금세 마음이 통했어요.

이때였어요. 길고양이가 어슬렁거리며 다가왔어요.

"사람들한테 실망? 너희들은 팔자 좋은 소리만 하는구나."

길고양이는 잔뜩 비꼬는 말투였어요.

개랑 고양이는 기분이 나빠졌어요.

길고양이는 거리의 떠돌이 같았어요.

눈꼬리는 사납게 올라갔고요, 털은 윤기 없이 거칠었으며 배는 홀쭉했어요. 골목을 누비며 동물들의 소식을 전하러 다니느라 음식물 쓰레기조차 뒤질 틈이 없던 거지요.

"무슨 소리야?"

개가 으르렁거렸어요.

"척 보니 너희들, 부잣집 철부지들이구나. 발톱 손질이 잘 되어 있고 털이 반드르르한 게 미용실도 자주 들락거리고."

길고양이가 빈정거리며 말했어요.

개가 핑크색으로 염색하고 앙증맞은 리본으로 묶은 머리를 까딱거렸어요.

"근사한 옷을 입고 생일 파티도 하지? 장난감도 많고?"

길고양이는 놀리듯 질문을 던졌어요.

"쥐돌이 공이나 낚싯대는 시시해. 난 전용 미끄럼틀도 있어."

고양이가 잘난 척 으스댔어요.

"흥, 사람들은 동물이 네발 달린 친구라고 곧잘 떠들어 대지!"

길고양이가 콧방귀를 뀌었어요.

"동물을 진심으로 사랑하는 사람들도 많아!"

개는 사람들을 열심히 두둔하다가, 얼마 전에 주인한테 버림받고 유기 동물 보호소에 갇혀 있다는 옛 친구의 소식이 떠올랐어요.

"물론 나쁜 사람들도 많지. 자기들이 좋을 땐 친구 삼다가, 귀찮으면 길거리에다 버리지."

얼른 길고양이의 눈치를 보며 뒷말을 덧붙였지요.

"좋을 때나 힘들 때나 늘 곁에 두는 게 친구 아냐?"

길고양이가 시비조로 말했어요.

"그건 꿈같은 얘기야. 주인을 나폴레옹처럼 떠받들어 줄 때만 개를 좋아하지."

개가 코를 찡그리며 중얼거렸어요.

"나이 들거나 병들면 버리기 일쑤지."

길고양이가 원망이 잔뜩 실린 말투로 툴툴거렸어요.

갑자기 개는 뭔가 짚이는 게 있었어요.

"길고양아, 넌 어쩌다 떠돌이가 된 거야?"

"혹시?"

고양이도 길고양이를 의심쩍게 쳐다봤어요.

길고양이가 오른쪽 발을 혀로 핥으며 말했어요. 오른쪽 발에는 채 아물지 않은 상처 자국이 또렷하게 남아 있었어요.

"나도 너희들 못지않게 좋은 시절이 있었어. 사고로 발을 다치기 전까지는……."

길고양이가 갑자기 입을 다물었어요.

그 모습을 보면서 개랑 고양이가 쓸쓸하게 말했어요.

"나이 들거나 아프면 끝장이야!"

"어리고 귀여울 때뿐이지."

개나 고양이가 나이 들거나 병들면 갖다 버리는 사람들이 많지요.

개랑 고양이랑 길고양이는 가슴이 먹먹했어요.

"꼬르륵."

하루 종일 주린 배에서 자꾸 소리가 났어요.

갑자기 개는 주인집에서 행복하던 시절이 떠올랐어요.

"행복아!"

개는 왈왈, 짖으며 주인집 딸이 학교 갔다 오면 현관으로 달려가 맞이했죠. 주인집 딸 사랑이는 행복이를 껴안고 입을 맞추었고요.

개랑 고양이는 좋았던 시절을 떠올리며 쫄쫄 배를 곯은 채, 길거리를 헤맸어요.

부루퉁한 나챙겨 시장님

"왜?"

한편 나챙겨 시장님은 시청의 집무실 안을 쉴 새 없이 왔다 갔다 했어요.

"왜? 왜? 왜?"

나챙겨 시장님은 끊임없이 중얼거렸어요.

집무실 창문을 통해서 시청 앞 광장에서 확성기를 든 시민들의 외침이 웽웽 들려왔어요. 시위대 가운데는 '우리 아가 배고프다! 분유 내놔라!'라는 손팻말을 든 아기 엄마도 있었어요.

나챙겨 시장님은 이 모습을 보고 처음엔 뒤통수를 세게 얻어맞은 기분이었어요. 달빛도시가 어쩌다가 이 지경이 됐는지 놀라 자빠질 일이었어요.

동물들의 항의는 달빛도시에 거센 후폭풍을 몰고 왔어요.

우유와 달걀과 돼지고기와 쇠고기와 닭고기가 떨어졌어요.

젖먹이들이 먹을 분유가 동났지요.

동물원으로 가기로 한 유치원과 초등학교의 소풍이 모두 취소됐어요.

경마장도 문을 닫았고요.

돌고래 쇼는 중단되었어요.

충직한 경찰견이 어디론가 사라졌어요.

모피 옷도 사라졌어요.

오리털 점퍼와 보송보송한 거위털 이불도 살 수 없게 되었어요.

가죽 가방도, 가죽옷도, 가죽신도 새로 만들 수 없게 되었지요.

대학이나 화장품 회사, 제약 회사에 딸린 동물 실험 연구소는 문을 닫았어요.

달빛도시는 점점 사람이 살기 힘든 도시가 되어 버렸어요.

달빛도시의 시민들은 그제야 아차 싶었지요. 뒤늦은 후회였지만요.

"나챙겨 시장은 시민들을 위한 대책을 빨리 챙겨라!"

이제야 정신 차린 달빛도시 시민들은 시청 앞 광장에 모여 대책 마련을 서두르라고 시위를 벌이는 중이랍니다.

"억울해!"

나챙겨 시장님은 눈을 부릅뜨고 주먹을 불끈 쥔 채, 꽥 소리를 지르고야 말았어요. 달빛도시를 위해서 발바닥에 불이 나도록 뛰어다닌 노력이 하루아침에 물거품이 된 것 같았어요.

나챙겨 시장님은 화가 치미는 걸 꾹 누르며, 애써 좋았던 시절을 떠올렸어요.

"우리 시장님, 최고!"

"시장님, 존경합니다."

"계속 달빛도시 시장을 맡아 주세요."

"사람제일주의 달빛도시 만세!"

시청 홈페이지와 페이스북과 트위터에는 나챙겨 시장님을 칭찬하는 시민들의 목소리가 가득했었지요. 신문과 방송에도 나챙겨 시장님이 달빛도시를 잘 꾸려 나간다고 칭찬하는 기사가 가득했고요.

헤벌쭉.

나챙겨 시장님은 저도 모르게 웃음이 실실 새어 나왔어요.

"나챙겨 시장은 대책을 챙겨라!"

다시 창밖에서 확성기 소리가 들려오자, 나챙겨 시장님의 얼굴에서 웃음기가 확 사라졌어요.

이런 강력한 태풍급 사건이 달빛도시를 흔드는 동안에 나챙겨 시장님은 무얼 하고 있었던 걸까요?

"자네들은 뭘 하고 있었나?"

나챙겨 시장님은 애꿎은 보좌관들만 달달 볶아 댔답니다.

이러지도 못하고 저러지도 못하고.

그러니 보좌관들은 바늘방석에 앉은 기분이었지요.

동물들의 소식을 곧이곧대로 보고했다가는 불호령이 떨어질 게 뻔했으니까요.

보좌관들은 소식을 숨기고 가리기에 급급했지요.

나챙겨 시장님은 알고도 모르는 체 뒷짐만 지고 있다가 된서리를 맞았고요.

그때였어요.

바깥이 웅성웅성 시끄러웠어요.

'또 뭔 일이 있는 건가?'

나챙겨 시장님이 인상을 잔뜩 찌푸렸어요.

비서가 급히 시장 집무실에 들어왔어요.

"시장님, 긴급 뉴스 좀 보세요."

비서는 리모컨으로 텔레비전을 켰어요.

"며칠간 모습을 감췄던 활개농장 돼지들이 시청 앞 광장에 모습을 드러냈다고 합니다."

텔레비전에서는 정의찬 기자가 마이크를 잡고 뉴스를 전하고 있었어요.

"시청 광장에 모여 있는 시민들과 마찰이 예상됩니다."

그동안 돼지들은 활개농장을 빠져나와 네 활개를 치며 실컷 쏘다녔지요. 그러다가 달빛도시의 시청 앞 광장에 다다랐어요.

시청 앞 광장은 나챙겨 시장님에 항의하는 시민들과 돼지들이 뒤섞여 북새통이었어요.

나챙겨 시장님은 그야말로 사면초가가 되었지요.

"달빛도시의 동물들은 모두 모여라!"

돼지들이 꽥꽥 소리를 지르며 꿀꿀 노래를 부르고 실룩실룩 엉덩이춤을 추었어요.

돼지들이 시청 앞 광장에 모여 있다는 소식은 달빛도시 안팎으로 빠르게 퍼져 나갔어요.

"얼씨구절씨구!"

"달빛도시의 동물들은 모두모두 모여라!"

젖소랑 닭이랑 말이랑 오리랑 거위랑 소랑 양이 우리를 박차고 농장을 빠져나왔어요.

젖소랑 닭이랑 말이랑 오리랑 거위랑 소랑 양은 달렸어요.

코끼리랑 사자랑 호랑이랑 침팬지랑 회색늑대랑 북극곰이랑 하이에나랑 하마도 우리를 훌쩍 뛰어넘어 동물원을 빠져나왔어요.

코끼리랑 사자랑 호랑이랑 침팬지랑 회색늑대랑 북극곰이랑 하이에나랑 하마도 달렸어요.

길거리를 헤매던 개랑 고양이도 달렸어요.

동물들이 시청 앞 광장에 몰려들었어요.

시민들은 몰려든 동물들에 놀라서 도망쳐 버렸어요.

광장은 온통 꿀꿀, 꼬꼬댁, 꽥꽥, 뿌우, 어흥, 컹컹, 으르렁, 후후, 멍멍, 야옹 소리로 가득했어요.

"네발 좋아! 두 발 나빠!" (조지 오웰이 쓴 《동물 농장》에 나오는 구호)

히히힝 말들이 구호를 외쳤어요.

"우린 어쩌라고?"

아장아장 걷던 거위랑 오리가 즉각 항의했어요.

닭도 펄쩍 뛰었어요.

말과 거위랑 오리랑 닭 사이에서 옥신각신 싸움이 붙었어요. 코끼리 할멈이 날개도 앞발로 쳐야 한다며 간신히 싸움을 말렸어요.

"동물 만세!"

수퇘지 대장이 큰 소리로 외쳤어요.

"옳거니!"

"동물 만세!"

동물들이 따라 외쳤어요. 이 구호에는 아무도 반대하지 않았어요.

"사람들은 돼지들한테 사과하라!"

수퇘지 대장은 광장을 쩡쩡 울리는 우렁찬 목소리로 부르짖었어요.

재작년에 있었던 구제역 파동 때 살아 있는 돼지 수십만 마리를 구덩이에 산 채로 묻은 사건에 대해서 사과하라고 외쳤어요.

"사람들은 닭들한테도 사과하라!"

수탉들이랑 암탉들이랑 병아리들도 용기를 내어 조류 독감 때

수백만 마리의 닭들을 산 채로 묻은 사건에 대해서 사과하라고 외쳤어요.

나챙겨 시장님은 노발대발했어요.

"주동자 수퇘지 대장을 체포해!"

수퇘지 대장이 즉시 경찰에 체포됐어요.

차디찬 경찰서 유치장에 갇혔지요. 세상에, 앞발에 수갑도 채웠답니다.

나챙겨 시장님은 십 년 묵은 체증이 쑥 내리는 것 같았어요.

'골칫덩어리를 가두어 두었으니 오늘 밤은 별일 없겠지?'

오늘은 일찍 퇴근해서 집에서 푹 쉬기로 했어요.

정말이지, 골치가 지끈지끈 아팠거든요.

사랑이의 눈물

"왜 잠잠하지?"

집에 온 나챙겨 시장님은 고개를 갸우뚱했어요.

엘리베이터에서 내리는 발걸음 소리만 듣고도 현관에서 왈왈 짖는 소리가 오늘은 들리지 않았거든요.

"행복아!"

나챙겨 시장님은 현관문을 열자마자 행복이부터 찾았어요.

이상하게 집 안이 조용했어요.

거실 소파에 앉아 있는데도 행복이가 나타나지 않았어요.

가슴이 철렁 내려앉았어요.

나챙겨 시장님은 집 안 곳곳을 뒤지며 행복이를 애타게 찾았어요.

얼마 뒤 현관 번호 키를 누르는 소리가 들렸어요.

사랑이와 사랑이 엄마가 집으로 들어왔어요. 얼마나 울었는지 사랑이 얼굴이 온통 눈물 콧물로 범벅이 되었어요.

"왜 눈물 바람이야?"

나챙겨 시장님이 깜짝 놀라 사랑이를 껴안았어요. 막내이자 늦둥이인 사랑이를 끔찍이 위했지요. 사실 행복이를 구해다 준 것도 나챙겨 시장님이었어요. 사랑이가 심심하고 외로울까 봐 친구 삼아 키우기로 한 거죠.

"행복아!"

사랑이가 거실 바닥에 털버덕 주저앉아 엉엉 울었어요.

사랑이 엄마가 대신 말했어요.

"행복이가 집을 나갔어요."

"뭐, 우리 행복이가?"

나챙겨 시장님은 기막혀서 말이 나오질 않았어요. 행복이는 사랑을 듬뿍 받았어요. 행복이는 동물이 아니라 가족이었어요. 사랑이 밑의 막내 노릇을 톡톡히 했지요.

"아니, 우리 행복이가 뭐가 부족해서?"

나챙겨 시장님은 행복이가 집 나갔다는 말에 '아니, 우리가 얼마나 잘해 줬는데 집을 나가?' 하는 생각부터 들었어요.

"도대체 어디로 간 거야?"

"동네방네 찾아다녀도 행복이가 없어요."

사랑이 엄마가 걱정을 늘어놓았어요.

"동네에 개 한 마리, 고양이 한 마리 얼씬대지 않아요. 우리 집 뿐만 아니라 다른 집도 개랑 고양이가 집을 나갔대요."

"끄응."

나챙겨 시장님이 앓는 소리를 냈어요.

물론 뉴스 속보로도 알고 있고, 보좌관들로부터 개들과 고양이들의 가출 소동에 대해서 자세히 보고도 받았어요. 하지만 남

의 일로만 여겼죠. 자신한테도 이런 일이 벌어진다는 생각은 꿈에도 하지 않았어요.

사랑이가 소매로 눈물을 쓱쓱 훔치더니 볼멘소리로 말했어요.

"사람들이 우리 행복이를 화나게 한 거예요."

"아니, 왜?"

나챙겨 시장님은 도무지 이해가 되지 않았어요.

"뉴스에 나왔잖아요? 화장품 회사에 있는 동물 실험 연구소에서 토끼 눈에 화장품 용액을 마구 넣었대요. 행복이는 그 뉴스를 듣고 집을 나간 거 같아요. 행복이는 사람을 친구로 생각해요. 사람들한테 배신감을 느꼈을 거예요."

사랑이는 추운 거리를 헤매 다니고 있을 행복이 생각에 훌쩍거렸어요.

"사랑아, 그건 어쩔 수 없는 일이란다."

나챙겨 시장님은 사람을 위해서는 동물이 희생될 수밖에 없다는 사실을 열을 올려 가며 설명했어요.

사랑이는 고개를 세차게 가로저었어요.

"저는 행복이를 키우면서 동물에 대해서 많이 알게 됐어요. 행복이가 사람처럼 아픔도 느끼고 기쁨도 느낀다는 걸요. 가엾은 실험실 토끼도 마찬가지예요. 화장품 용액을 눈에 넣으면 너무너무 아파요. 누가 내 눈에 강제로 화장품 용액을 넣는다고 생각해 보세요.”

사랑이는 눈물이 그렁그렁하면서도 야무지게 말했어요.

"행복이는 우리 가족이잖아요? 다른 동물들도 지구에서 우리랑 같이 사는 가족이에요. 생명은 모두 소중해요.”

사랑이는 마지막 말을 마치자 끝내 울음을 터뜨리고 말았어요.

나챙겨 시장님은 사랑이의 말을 듣고 망치로 머리를 세게 얻어맞은 것 같았어요.

"사랑아, 행복이가 네 마음을 잘 알 거야. 동물한테 함부로 하는 사람도 있지만, 동물들을 진심으로 사랑하는 사람도 있다는 것을!"

엄마가 사랑이를 꼬옥 껴안았어요.

나챙겨 시장님은 얼굴이 화끈거렸어요. 뒷짐을 지고 흠흠 헛기침을 했어요.

'사람제일주의 달빛도시?'

'무엇이 잘못된 것일까?'

'어디서부터 잘못된 것일까?'

서재로 간 나챙겨 시장님은 의자에 앉아 깊은 생각에 잠겼어요.

"사랑이 말이 맞아!"

나챙겨 시장님이 무릎을 탁 쳤어요.

"사람만 챙긴 게 잘못이었어.”

나챙겨 시장님은 그제야 깨달았어요.
"사람과 동물은 지구에서 더불어 살아야 하는 존재야!"
어디선가 행복이가 왈왈 짖는 소리가 들리는 것 같았어요.

동물의 편에 선 사람들

달빛도시에 사는 동물들은 결코 외롭지 않았어요.

비록 숫자는 적었지만 동물의 편에 선 사람들이 있었어요.

나챙겨 시장님이 꾸물거리는 동안에도 몇몇 사람들은 동물들을 위해서 발이 부르트도록 열심히 뛰어다녔어요.

이번에도 달빛방송국이 앞장섰어요.

사건이 터진 뒤부터, 달빛방송국의 보도국은 눈이 핑핑 돌 정도로 바쁘게 돌아갔어요.

정의찬 기자는 동물들이 사는 형편을 있는 그대로 알리는 것만으로도 달빛도시에서 가장 먼저 동물의 편에 서게 되었어요.

"몸이 서너 개라도 모자라!"

보도국 기자들은 "바쁘다, 바빠!"라는 말을 입에 달고 살았어요. 동물들의 비참한 생활을 고발하는 특별 프로그램을 만들어 방송에 내보냈어요.

방송국 국장과 사회부 부장은 하루에도 몇 번씩 회의를 소집했어요.

그런데 한 기자가 의문을 던졌어요.

"요즘 방송엔 온통 동물 실험이랑 동물 농장이랑 동물원 이야기가 전부잖아요? 시청자들은 그런 방송에 질렸어요. 새로운 걸

내보내야 해요. 예를 들어 동물들이 좀 더 행복하게 살기 위해서 무얼 해야 하는지 같은 거요."

"바로 그거야!"

사회부 부장이 옳다구나, 요란하게 박수를 쳤어요.

"신선한 방송이 필요해!"

사회부 부장은 신나서 말했어요. 봇물 터지듯, 새로운 방송거리를 줄줄이 내놨어요.

"자자, 우리가 몰랐던 동물에 대한 이야기를 알려 주는 동물 전문가의 강의와 인터뷰를 준비합시다. 동물 보호 단체의 활동도 적극적으로 소개하고, 동물들이 행복하게 사는 곳도 찾아냅시다!"

방송국에서는 '우리가 꼭 알아야 하는 동물의 모든 것'이라는 제목으로 동물 전문가들의 인터뷰와 강의를 릴레이식으로 편성한 특집 방송을 대대적으로 내보냈어요.

동물 실험에 앞장섰던 한 동물학자는 자신의 잘못을 뉘우치는 인터뷰를 했어요.

"저는 한 대학의 동물 실험 연구소에 소속되어 있었지요. 흰쥐, 새, 개, 돼지, 침팬지를 가리지 않고 온갖 실험을 했어요.

그렇게 모진 실험을 당하면서도 저한테 꼬리를 흔들며 달려드는 비글 강아지를 보

며 마음이 편치 않았지요.

그러던 어느 날, 실험실에서 태어난 새가 저를 어미로 알고 졸졸 따라다니는 모습에 충격을 받았어요. 노벨상을 수상한 동물학자 콘라트 로렌츠가 밝힌 대로 새는 태어나자마자 본 상대를 어미로 '각인(머릿속에 새기듯이 기억하는 것)'하거든요.

그런 일을 겪고 나서 동물 실험을 완전히 그만두었습니다. 사람의 질병을 연구하기 위해서 동물 실험이 꼭 필요하다고 주장하지만 실제로 사람과 동물이 공통적으로 걸리는 병은 1.16퍼센트밖에 안 됩니다. 동물 실험의 결과가 사람한테도 적용된다는 보장이 거의 없다는 뜻입니다.

동물 실험은 달빛도시에서도 완전히 사라져야 합니다. 사람이든 동물이든 생명만큼 소중한 가치는 없습니다."

이 동물학자의 인터뷰는 달빛도시를 뒤흔들었어요.

"동물한테 잔인하게 대하면 사람한테도 그럴 수 있지!"

"사람도 동물이잖아?"

"동물한테 따뜻하게 대하는 태도를 어릴 적부터 지니는 게 중요해!"

달빛도시 시민들은 이 동물학자의 솔직한 고백에 가슴이 뭉클했어요.

몇몇 사람들이 동물 실험에 대한 생각을 바꿀 정도로 감동적이었지요.

또 다른 동물 전문가의 인터뷰는 달빛도시에 직격탄을 날렸어요.

"사람과 동물을 차별하는 달빛도시의 '사람제일주의'는 잘못되었습니다.

동물은 사람과 똑같이 고통을 느낍니다.

동물들에게 고통을 주는 모든 행위는 즉각 중지되어야 합니다."

이 방송이 나가자 시청자 게시판에는 댓글이 수천 개나 달렸어요.

온종일 게시판은 갑론을박하는 댓글들로 북새통이었죠.

외국에서 초청한 침팬지 전문가의 강의는 인상적이었어요.

야생의 침팬지가 생활하는 모습이 강의와 함께 소개되어 재미와 정보를 동시에 주었어요.

"침팬지는 사람과 참 비슷하게 생겼습니다. 얼굴뿐 아니라 손가락, 손톱, 지문도 닮았어요. 방금 본 숫자를 배열하는 '순간 기억력' 대결에서는 사람을 거뜬하게 이길 정도로 영리합니다.

침팬지는 흰개미를 잡을 때 마른 풀 줄기를 이용하는 등 도구를 사용합니다.

'후!', '우라아아아!' 같은 간단한 언어로 의사소통을 하며, 서로 껴안거나 뽀뽀를 하거나 주먹을 휘두르는 몸짓을 보태지요.

또 수컷이 지배하는 가운데 쉰여 마리가 무리를 이루어 사회생

활을 합니다.

  이 세 가지, 언어를 사용하고 도구를 이용하며 사회생활을 한다는 사실은 인류, 즉 호모 사피엔스와 다른 동물을 구분 지었던 특징이지요.

  오늘날 눈부신 유전학의 성과에 따르면, 대형 유인원(침팬지, 보노보, 고릴라, 오랑우탄)은 인류의 친족입니다.

  그 가운데서도 침팬지는 '인류의 사촌'입니다.

  아주 먼 옛날 영장류의 공통 조상으로부터 각자 진화한 것이지요.

  놀라운 사실은 사람과 침팬지가 침팬지와 고릴라보다 더 가까운 사이라는 것입니다.

  유전자 분석을 해 보면 침팬지는 98.7퍼센트까지 사람과 유전자가 같습니다.

  기막힌 건, 인류의 사촌이라는 바로 그 이유로 침팬지는 사람 대신 동물 실험의 대상이 되고 있습니다. 1960년대부터 살아 있는 침팬지를 대상으로 한 잔인한 실험이 공공연하게 이루어지고 있습니다.

　사람처럼 입술을 말면서 웃는 동물한테 말이죠. 우리의 사촌한테 말이죠."

　침팬지 전문가의 강의는 달빛도시 시민들에게 두고두고 생각할 거리를 던져 주었어요. 특히 침팬지가 사람처럼 웃는다는 마지막 말은 시민들에게 큰 충격을 주었어요.

　"사람과 동물의 경계가 그리 뚜렷하지 않다는 거네?"

　"금시초문인데? 이런 사실은 처음 알게 되었어!"

　"침팬지가 인류의 사촌이라는 말이 피부에 와 닿아. 누가 내 사촌한테 몹쓸 짓을 하면 가만두지 않을 텐데!"

　"그런 침팬지를 잔인한 동물 실험에 이용하고, 동물원 철창 안에 가두어

구경거리로 삼는다는 게 말이 돼?"

"다른 도시에서는 침팬지를 사람과 같은 속인 '호모(Homo)'에 넣어야 한다는 주장이 있대. 침팬지에게 사람과 똑같은 법률적 지위를 주어야 한다고 소송까지 했다네?"

"소송에서는 졌다지? 다른 도시들은 침팬지에 대해서 특별하게 생각하는구먼."

한편 세계 곳곳에 파견된 특파원이 보내온 뉴스도 방송을 탔어요.

한 특파원은 어떤 코끼리 자연공원을 물어물어 찾아갔어요. 숨 돌릴 틈도 없이, 드넓은 공원에서 자유롭게 사는 코끼리들의 모습을 카메라에 담았어요.
　"제가 있는 이곳은 코끼리의 천국입니다.
　이곳에 사는 코끼리들은 모두 사람한테 상처받은 코끼리들이지요.
　서커스단에서 쇠꼬챙이로 엉덩이를 수도 없이 찔려 가면서 훈련을 받은 코끼리도 있고, 열대 숲에서 통나무를 운반하는 고된

일을 하던 코끼리도 있습니다.

　버림받은 코끼리, 매 맞은 코끼리, 상아를 잘린 코끼리 들이 모여 있습니다."

　특파원의 멘트가 나가는 동안, 서커스단에서 학대받는 코끼리의 생활이 자료 화면으로 나갔어요.

　"코끼리는 암컷 우두머리를 중심으로 무리 지어 삽니다.

　같은 무리에 있는 코끼리가 죽으면 장례를 지내며 사람처럼 슬퍼하지요.

　위기에 처한 사람을 자기 몸으로 가려서 도와준 경우도 있습니다.

　코끼리는 기쁨과 슬픔, 공감을 느끼는 동물이니만큼 상처받기 쉽습니다.

　이곳에서 코끼리들은 사람한테 받은 정신적인, 육체적인 상처를 치유하고 있습니다.

　우리 달빛도시에 사는 동물들한테도 이런 천국이 필요하지 않을까요?

　지금까지 특파원 보고였습니다."

　'코끼리의 천국' 방송은 달빛도시 시민들 사이에 잔잔한 화제를 몰고 왔지요. 방송을 본 시민들은 두런두런 이야기를 나누었어요.

　"코끼리 하면 어릴 때 부른 동요만 생각했는데……."

"코끼리 아저씨는 코가 손이래. 과자를 주면은 코로 받지요. 그 동요?"

"그렇지. 코끼리가 그저 동물원에서 코로 묘기를 부리는 줄만 알았는데 사람처럼 상처를 받다니!"

"코끼리를 동물원에 가두는 건 말도 안 돼!"

다들 코끼리가 사람처럼 깊은 상처를 받는다는 사실을 깨닫고 크게 놀랐죠.

씩씩한 행동으로 직접 동물을 돕는 사람도 있었어요.

"우리는 동물들을 지지한다!"

단발머리 아가씨가 포함된 동물 보호 단체 회원들은 시청 앞에서 손팻말을 들고 하루도 빠지지 않고 시위를 벌였어요.

동물을 위한 법으로 동물을 돕고자 하는 사람들도 있었지요. 달빛도시의 의원들은 동물 보호법에 대해서 연구했어요.

동물을 위하는 선진 도시들의 경우를 알아봤지요. 선진 도시에서는 철제 돼지우리와 상자형 닭장을 금지했어요. 동물 실험을 한 화장품을 만들거나 수입하는 것을 금지시켰고요.

어쨌거나 동물의 편에 서거나, 동물들을 돕고자 하는 시민들이 늘어나고 있었어요.

코끼리 할멈의 따뜻한 리더십

아침이 밝아 왔어요.

하루가 또 지났어요. 달빛도시가 마비된 지 사흘째 되는 날이에요.

시청 앞 광장은 동물들의 차지가 됐어요.

달빛도시에 사는 동물이란 동물은 다 모였어요.

처음으로 맛보는 자유의 맛은 달콤했어요!

동물들은 기쁨의 축제를 벌였어요.

모두들 춤추고, 노래 부르고, "동물 만세!" 구호를 외쳤지요.

동물들은 즉석 장기 자랑 대회도 열었답니다.

"꽥꽥 꽥꽥."

"꽥, 꽥."

오리와 거위는 '꽥꽥 이중창'을 불렀어요.

되똥되똥 걸음걸이에 맞추어 애교스러운 꽁지 춤을 췄어요. 박수갈채가 오리와 거위한테 쏟아졌어요.

수탉들은 용기를 내어 날아 보기로 했어요.

담장을 횃대 삼아 올라갔어요. "꼬끼오." 땅이 쩡쩡 흔들리도록 우렁차게 울더니 담장 아래로 푸드덕, 낙하하는 시범을 멋지게 성공시켰어요. 구경하던 동물들이 수탉들의 용기에 큰 박수를 보낸 것은 물론이지요.

신이 난 코끼리들이 줄을 맞춰 하나둘, 하나둘, 걸음마 춤을 췄어요.

코끼리들이 아무리 사뿐사뿐 걸음마 춤을 춘다고 해도 땅이 흔들리는 것 같았어요. 옆에 있던 동물들은 어지러움을 참느라고 혼났지요.

머리에 흰 줄이 있는 말들은 근육질 몸매 자랑에 나서서 부러움을 한 몸에 받았어요.

말들은 농장을 벗어나자 재갈과 고삐를 벗어 던졌지요. 원래 태어난 모습 그대로 검은 갈기와 검은 꼬리가 멋졌고, 검은 말발굽에 탄탄한 어깨와 엉덩이 근육은 누가 봐도 늠름했지요. 박수 소리에 우쭐한 말들은 장애물을 훌쩍 뛰어넘는 묘기도 즉석에서 부렸지요.

 분위기를 한껏 탄 새끼 고양이가 대담하게 자동차 지붕에서 지붕으로 건너뛰는 묘기를 부리려다가 주르륵 미끄러져 버린 사건도 일어났어요. 다행히 새끼 고양이는 살짝 긁혔을 뿐 다치지 않았고 구경하던 동물들은 웃음을 참느라 혼났죠.

 장기 자랑이 끝나자 동물들은 수퇘지 대장이 체포된 것에 대해서 항의하기로 결정했어요.

 시청 앞 광장에 바리케이드를 치고 있는 경찰한테 살금살금 다가갔어요.

 젖소는 느릿느릿 되새김질을 하다가 꺼억 트림을 하곤 내뺐어요.
 "어이쿠!"

 경찰들은 코를 싸쥐었죠.

 말은 히히힝 하며 뒷발길질하는 시늉을 했어요.

 경찰들은 겁을 먹고 뒤로 물러섰지요.

 호랑이가 어흥 하며 겁을 주겠다는 걸 옆에 있는 동물들이 간신히 말렸어요.

 몇몇 동물은 지나친 행동을 해서 눈살을 찌푸리게 했어요.

 하이에나는 식당을 습격해서 음식을 훔쳤어요.

 하마는 똥을 함부로 쌌지요. 꼬리로 사방에 똥을 흩뿌리는 바람에 모두들 어쩔 줄 몰라 했어요.

북극곰은 달리는 자동차를 세우고 길거리에서 덩실덩실 춤을 추었어요.
　참다못해, 코끼리 할멈이 광장에 있는 연단에 올라섰어요.
　코끼리 할멈은 뿌우 긴 코를 들어 소리를 내어 모든 동물의 주의를 모았어요.
　"여러분, 질서를 어기는 행동은 삼갑시다."
　순간, 사방이 조용해졌어요.
　상냥한 코끼리 할멈에게는 그 누구도 함부로 할 수 없는 위엄이 있었어요.
　"우리는 사람을 해치려는 것이 아닙니다. 동물과 사람이 더불어 사는 세상을 만들려고 모인 것입니다."
　못된 행동을 한 동물들은 즉각 다른 동물들의 비난을 받았어요.
　하이에나랑 하마랑 북극곰은 한구석에서 두 다리로 서 있는 벌을 섰지요. 앞발을 번쩍 들라고 하지 않은 것만도 천만다행이었죠.
　코끼리 할멈이 동물들한테 연설을 시작했어요.
　"사랑하고 존경하는 동물 여러분, 오늘 우리는 역사적인 만남을 하고 있습니다.
　달빛도시에 사는 모든 동물들이 이렇게 모인 것은 세계 동물의 역사에 길이 남을 것입니다. 이곳에 모인 여러분을 열렬히 환영합니다."

이 대목에서 박수가 터져 나왔어요.

박수 소리가 잦아들자 코끼리 할멈은 연설을 이어 나갔어요.

코끼리 할멈이 동물들에게 단호하게 말했어요.

"우리는 '사람들을 위해서는 아무것도 하지 않겠다!'라고 선언했지만 이제까지 아무것도 바꾸지 못했습니다. 이제 한 걸음 더 나아가서, 달빛도시의 동물들이 동물답게 사는 세상을 만들기 위해 사람들에게 우리의 요구를 확실하게 전달해야 합니다."

"옳소!"

"동물 만세!"

또 박수가 쏟아졌어요.

"그러려면 우리의 요구를 정리해야겠지요. 그걸 위해서 '동물 대표 회의'를 제안합니다. 동물 대표들이 모여서 동물들의 의견을 모아 사람들에게 전달하려는 것입니다. 다른 동물들은 광장에서 기다립시다."

"찬성!"

말이 제일 먼저 우아하게 긴 꼬리를 흔들어 찬성을 표시했어요.

다른 동물들도 따라 했는데 오리와 거위는 꽁지를 털 털 털 흔들어 댔죠.

코끼리 할멈은 흡족한 미소를 지었어요.

"가장 먼저, 수퇘지 대장의 석방을 요구합시다!"

동물들은 "수퇘지 대장을 석방하라!"라고 외쳤어요.

"수퇘지 대장을 석방하라!"

동물들의 함성 소리가 광장을 뒤흔들었어요.

각각의 동물들은 사람을 이길 수 없어요. 하지만 똘똘 뭉친 동물들은 결코 약하지 않았어요. 광장을 둘러싼 경찰들도 함부로 동물들의 행동을 방해하지 못했어요.

나챙겨 시장님은 반쯤 열린 시청 집무실 창으로 동물들이 하는 이야기를 열심히 귀담아듣고 있었어요.

"동물들은 지구에서 우리랑 같이 사는 가족이에요. 생명은 모두 소중해요."

어젯밤 사랑이가 외친 말이 여전히 귓가에 쟁쟁했어요.

나챙겨 시장님의 낯빛이 흙빛으로 변했어요.

'이럴 때가 아니야. 늦장 부리다간 큰일 나겠어.'

나챙겨 시장님이 급히 보좌관을 불렀어요.

"당장 수퇘지 대장을 석방하게!"

보좌관은 귀를 의심했지만 얼른 지시를 따랐어요.

수퇘지 대장은 경찰들의 호위를 받으면서 보무도 당당하게 경찰서 문을 나섰답니다.

나챙겨 시장님이 달라졌어요.

사랑이의 호소에 마음이 움직였든, 달빛도시 동물들의 집단행

동에 겁이 나서 그랬든, 시민들의 여론에 떠밀려서 그랬든, 생활이 불편해서 그랬든, 동물에 대한 생각이 완전히 바뀌어서 그랬든, 뭐 아무러면 어떻습니까?

나챙겨 시장님이 동물들을 '챙기기' 시작했다는 게 중요하지요. 글쎄, 시청 일 층에 있는 가장 넓은 방을 치워서 동물들의 회의 장소로 제공했다니까요!

동물 대표 회의에서

시청 회의실에 동물 대표들을 환영하는 깃발이 나부꼈어요.

깃발에는 '동물 만세!'라는 구호와 함께 동물들을 상징하는 뿔과 꼬리와 발굽이 그려져 있었지요.

회의실 안에는 동물들이 좋아하는 푹신한 짚도 넉넉하게 깔아 놓았어요. 목이 마르거나 배가 출출할 때를 대비해서 물과 간식거리용 사료도 넉넉히 갖다 놓았죠.

드디어 동물 대표들이 한자리에 모여서 동물들의 보다 나은 삶에 대해서 토론하게 되었어요.

가장 먼저 거위 한 쌍이 긴 목을 꼿꼿이 세우고 날개를 활짝 편 채 화려하게 입장했어요. 거위는 금실이 좋아 암수가 어디라도 같이 다녔어요.

그 뒤를 이어 돼지, 닭, 말, 젖소, 오리가 차례차례 입장했어요. 호기심 많은 꼬마 돼지도 슬쩍 끼어서 들어왔어요.

그 뒤를 이어 코끼리, 회색늑대, 사자, 호랑이가 느릿느릿 입장했어요. 아기 코끼리는 코끼리 할멈의 꽁무니를 쫓아서 아장아장 들어왔지요.

그 뒤를 이어 흰쥐, 토끼, 침팬지 들이 후다닥 입장했어요.

그 뒤를 이어 개와 고양이가 살금살금 입장했어요.

모든 동물 대표들이 회의실에 들어와 방문을 닫으려는 순간, 방금 유치장에서 풀려난 수퇘지 대장이 위풍당당한 모습을 드러냈어요.

동물 대표들은 수퇘지 대장을 열렬히 환영했어요.

아기 코끼리와 꼬마 돼지는 엉덩이를 흔들며 애교를 부려서 동물 대표들이 웃음보를 터뜨렸어요.

수퇘지 대장이 만장일치로 동물 전체 대표로 뽑혔어요.

수퇘지 대장이 짤막한 꼬리를 세차게 흔들어 감사의 인사를 했어요.

"여러분, 나는 방금 전에 경찰서 유치장에서 풀려나왔습니다. 내가 소동을 부렸다고 철창 안에 가두었지요. 그런데 죄지은 사람들을 가둔다는 유치장이 전혀 낯설지 않았습니다."

수퇘지 대장은 잠시 말을 멈추고 동물 대표들을 천천히 둘러봤어요.

"왜냐하면,"

동물 대표들은 수퇘지 대장의 입에서 무슨 말이 나올지 궁금해서 얼굴을 뚫어져라 쳐다봤어요.

수퇘지 대장이 눈을 반짝거리며 말했어요.

"우리 농장 돼지들이 평생 사는 곳이 바로 철창 안이었기 때문입니다."

"옳소!"

젖소랑 말이랑 닭이랑 오리랑 거위 들이 일어나서 박수를 쳤어요.

"동물원도 마찬가지야!"

회색늑대가 퉁명스러운 말투로 끼어들었어요.

"사람들은 동물원이 지구에서 사라져 가는 야생 동물들을 보호하는 곳이라고 제멋대로 자랑하지. 하지만 동물원에서 호랑이나 사자의 포효 소리를 들어 본 적 있어? 호랑이나 우리 늑대들이 왜 철창 앞을 수없이 왔다 갔다 하는지, 코끼리가 왜 무릎이 아파 절뚝거리는지 관심을 둔 적이 있어?"

"옳소!"

코끼리, 회색늑대, 사자, 호랑이도 일어나서 우렁차게 박수를 쳤어요.

수퇘지 대장은 웅변조로 말을 이어 나갔어요.

"그렇습니다. 이 모든 게 사람들이 우리 동물들에 대해서 제대로 아는 게 없다는 데에서 비롯된 문제입니다. 우리 동물들도 사람처럼 기쁨과 고통을 느끼고, 감정이 풍부하며, 사람과는 다른 방식으로 영리하다는 걸 모르죠.

무엇보다도, 사람들이 한 명 한 명 다르듯이, 동물들도 생긴 것도 다르고 성격도 다르고 좋아하는 것도 다르다는 걸 모릅니다. 아예 알려고 하지도 않아요.

사람들은 우리 동물들의 습성을 모르기에 옛이야기나 동물 우화에 나오는 동물들의 모습을 사실인 양 믿어 버립니다. 제멋대로 '탐욕스러운 돼지', '닭대가리', '욕심쟁이 늑대', '교활한 여우'라고 함부로 딱지를 붙이지요."

침팬지가 툭 쏘아붙였어요.

"사람들이 만날 내뱉는 '짐승만도 못하다.'라는 말도 동물을 잘 모르면서 모욕하는 말이야."

"사람들이 '짐승만도 못하다.'라는 말을 하지 못하도록 금지시켜야 해!"

흥분한 동물들이 외쳤어요.

수퇘지 대장은 회의장이 쩡쩡 울리도록 씩씩하게 말했어요.

"만약 우리 동물들이 사람들을 뭉뚱그려 '털 없는 원숭이'라고 부르고, 잘난 체하며 싸우기 좋아하고 욕심 사나운 족속이라고 몰아붙이면 사람들은 기분이 어떨까요?"

"사람제일주의 나빠!"

"동물 만세!"

동물들은 커다란 함성과 함께 또다시 큰 박수를 보냈어요.

털 고르기를 하던 침팬지가 비웃듯이 말했어요.

"털 없는 원숭이니까 남의 털을 빼앗아 화려한 모피 코트로 제 몸을 치장하는 게지. 한 벌의 모피 코트를 만들기 위해서 토끼 서른 마리, 밍크 쉰다섯 마리, 너구리 스물일곱 마리, 친칠라 백 마리의 털가죽을 벗기잖아?"

거위와 오리는 서로에게 목을 기대고 꺼이꺼이 울었어요.

"사람들은 너무 잔인해! 사람들도 머리털을 강제로 뜯기면 어떨까?"

동물들은 부글부글 부아가 끓었어요. 사람들이 눈앞에 있는 양, 눈을 흘기고 허공에다 대고 주먹을 휘두르며 헛발질을 했지요.

"자자, 흥분을 가라앉힙시다. 각자 원하는 것을 자유롭게 말하도록 합시다."

이때였어요.

잠자코 있던 호랑이가 불쑥 끼어들었어요.

"날 원래 있던 시베리아로 데려다 놔!"

호랑이는 무뚝뚝하게 말했어요.

"나도 아프리카 밀림으로!"

사자가 맞장구를 쳤어요.

"동물원 생활에 완전 지쳤어! 날 좀 봐! 반드르르하던 회색 털이 몽땅 빠지고 볼썽사나워. 나도 툰드라로 돌아갈래!"

회색늑대가 울부짖듯 말했어요.

"동물원은 문 닫고 농장도 문 닫고 동물 실험 연구소도 문 닫고, 모든 동물들은 야생으로 돌아가야 합니다. 사람들에게 이런 요구 사항을 당당하게 밝힙시다!"

수퇘지 대장이 단박에 결론을 내렸어요.

"동물 만세!"

동물들이 찬성의 표시로 외쳤어요.

"지금 당장?"

침팬지가 물었어요.

"지금 당장!"

수퇘지 대장은 강경한 입장을 보였어요.

"그게 가능할까요?"

침팬지가 조심스럽게 수퇘지 대장의 말에 토를 달았어요.

"사람들의 형편을 봐줄 필요가 없어요. 이 모든 게 지금 당장

이루어져야 합니다."

수퇘지 대장은 고집을 꺾지 않았어요.

"지금 당장!"

"야생으로!"

"동물 만세!"

동물들은 수퇘지 대장의 말에 찬성했어요.

이제 사람들에게 요구 사항을 전달하면 될 것 같았어요.

이때 개가 머뭇거리더니 풀 죽은 목소리로 물었어요.

"오래전부터 사람들이랑 같이 살아온 동물은 어떡하나요?"

"……."

회의장이 한순간에 찬물을 끼얹은 것처럼 조용해졌어요.

동물과 사람이 더불어 산다는 것

"우리 개들은 어디로 가야 하죠? 우리 개들은 만 사천 년 전부터 사람이랑 같이 살아왔는데요?"

개가 오랜 침묵을 깨고 다시 질문을 던졌어요.

"고양이도 오천 년 전부터 사람이랑 같이 살았는데!"

고양이가 혀로 털을 핥아 몸단장을 하다가 참견했어요.

"달빛도시만 해도 개랑 고양이가 수십만 마리인데 우리들은 어디로 가죠?"

개가 울상을 지었어요.

"게다가 우리 개들은 사냥하는 법도 몰라요."

개가 부끄럽다는 듯이 말했어요.

"하긴 농장에 사는 돼지들도 딱히 갈 데가 있는 건 아니지."
수퇘지 대장이 머리를 긁적거리며 곤란한 듯 말했어요.
"우리는 어디로 가지?"
닭이랑 말이랑 젖소랑 거위랑 오리도 시름에 잠겼어요.
개가 낑낑거리며 시청 도서관에서 빌려 온 《세계 동물의 역사》라는 책 123쪽을 펴 보였어요. 그 책의 '제3장 집짐승의 역사'에는 야생 동물이 사람한테 길들여져 집짐승이 된 역사가 쓰여 있었어요.
개는 그 책의 한 대목을 동물들에게 또박또박 읽어 주었어요.
"사람들은 사냥꾼으로 떠돌이 생활을 하다가 한곳에 붙박이 생활을 하면서부터 농사를 짓기 시작했다. 인구가 늘면서 양, 염소,

소, 말, 돼지 들을 집짐승으로 길렀다. 개나 양과 염소, 소, 돼지, 말은 '사람이 만든 동물(생활이나 짝짓기에 사람의 관리를 받는 동물로, 야생인 선조와 달라진 가축화된 동물)'이고, 고양이와 코끼리, 낙타는 '사람에 의해 길들여진 동물(온순하고 길들이기 쉽지만, 짝짓기에 사람이 개입하지 않은 동물)'이다."

개는 책을 탁 덮더니 말했어요.

"이 책에 따르면, 우리 개가 가장 먼저 사람들과 더불어 살았어요. 사람들은 어미를 잃은 늑대 새끼를 키우면서 늑대를 길들였다고 해요. 우리 개의 조상은 늑대지만, 우리는 늑대와는 달라요. 우리 개는 사람들과 더불어 살 수 있도록 인위적으로 만들어 낸 동물이에요."

"너희 개들은 사람 편을 들겠다는 거야?"

회색늑대가 험상궂은 표정을 지으며 물었어요.

"우리가 사는 현실을 똑바로 보자는 거예요."

개도 지지 않고 말대꾸를 했어요.

회색늑대와 개가 서로 으르렁거렸어요.

"아서라!"

코끼리 할멈이 말렸어요.

개가 눈치를 살피며 말했어요.

"아주 오랜 옛날부터 개와 사람들은 가족처럼 지냈어요. 서로 감정이 통하는 사이예요. 사람들이 웃으면 우리도 웃는 표정을 따라 지어요.

다른 동물들은 우리 개, 특히 사냥개를 사람 편에 서서 앞잡이 노릇을 한다고 손가락질하죠. 하지만 우리 개는 수많은 세월 동안 사람이랑 같이 살아왔어요. 이게 우리 개가 사는 법이에요."

개는 할 말을 다 하자 꼬리를 내리고 구석으로 돌아갔어요.

"사실 말이야. 우리가 돌아갈 숲이 파괴되었어. 돌아갈 곳이 부족해!"

침팬지도 고민스러운 표정으로 말했어요.

동물 대표들은 혼란에 빠졌어요.

"수퇘지 대장! 대장은 어디로 갈 거요?"

다들 곰곰이 생각해 봤죠.

"글쎄."

수퇘지 대장도 말문이 막혔어요. 농장에서 태어나고 자랐기에, 농장 밖의 세상을 알지 못했어요. 농장 밖으로 나온 것은 이번이 '돼지 털' 나고 처음이었어요.

'어디에서 살지?'

수퇘지 대장은 막막했어요.

"지금 당장 야생으로 돌아가는 것도 어렵군요. 사람들이 주는 먹이에 익숙해지다 보니 우리 돼지들이 어떻게 먹이를 찾아야 하는지도 모르겠어요."

"이러는 건 어떨까?"

코끼리 할멈이 나섰어요.

동물 대표들은 귀를 쫑긋 세우고 들었어요.

"우리 동물들이 야생에서 사는 건 좋은 일이지만 당장 숲으로 돌아가기는 힘들어. 그러니 원칙은 원칙대로 요구하고, 지금 당장 실천할 수 있는 일은 그것대로 요구하자!"

"원칙은 원칙대로!"

"지금 당장 실천할 수 있는 일은 그것대로!"

"역시 코끼리 할멈은 지혜로워!"

"옳소!"

동물 대표들이 찬성했어요.

수퇘지 대장이 흠흠 목청을 가다듬은 뒤 말했어요.

"내가 먼저 말하겠습니다. 우리의 원칙은 이래요. 우리 돼지들은 타고난 습성대로 살고 싶어요. 원래 돼지는 하루 종일 코로 땅을 파헤치며, 먹이를 찾아 넓은 곳을 쏘다녀야 해요. 진흙탕에서 구르는 걸 얼마나 좋아하는데요.

지금 당장은 이렇습니다. 우리 돼지들은 넓고 깨끗한 공간에서 자유롭게 살고 싶어요. 꼬리 자르기를 금지해야 합니다. 암퇘지들을 임신용 철제 우리에 가두지 말고, 새끼 돼지들이 어미 젖을 충분히 먹을 때까지 어미에게서 떨어뜨려 놓지 말아야 합니다."

수퇘지 대장은 다른 농장 동물들도 타고난 습성대로 살 수 있도록 해 달라고 요구했어요.

침팬지는 수줍은 토끼 대신 실험에 이용되는 동물을 대표해서 의견을 말했어요.

"동물을 대상으로 한 모든 실험은 즉시 그만두어야 합니다. 이건 물러설 수 없는 원칙입니다!"

침팬지는 지금 당장은 실험에 이용되는 동물의 숫자를 줄이고, 동물들의 고통을 줄이도록 노력하며, 동물을 닮은 정교한 동물 모형을 이용하라고 요구했어요.

수퇘지 대장은 코끼리 할멈에게도 의견을 물었어요.

"동물원은 문을 닫고 야생 동물들은 원래 살던 야생으로 돌려보내야 합니다. 그러기 위해서는 숲이나 자연이 파괴되는 것을 막아야겠지요. 이게 원칙입니다.

지금 당장은 동물원을 야생과 가장 비슷한 상태로 만들어야 합니다. 동물들이 지루해하지 않도록 갖가지 놀이를 할 수 있는 시설을 갖추어야 합니다. 동물 쇼는 지금 당장 그만두어야 하며 사람들의 오락을 위해서 동물을 괴롭히는 일은 즉시 사라져야 합니다."

개도 의견을 내놓았어요.

 "우리들은 사람들과 더불어 살게 되어 있어요. 우리를 키우다가 함부로 버리지 않았으면 좋겠어요. 우리를 학대하는 것도 막아 주세요. 우리는 물건이 아니에요. 우리를 사고파는 것도 금지해 주세요."
 수퇘지 대장은 동물 대표 회의가 끝난 뒤 동물들의 요구 사항을 골라서 추려 냈어요.

코끼리 할멈이 발 도장을 찍다

다음 날, 아침부터 정의찬 기자는 몹시 설레었어요.

욕실에서 면도를 하면서 콧노래가 절로 나왔죠. 지난 몇 주간 달빛도시에서 벌어진 일을 생각하면 오늘 같은 날이 왔다는 게 꿈만 같았어요.

정의찬 기자는 면도를 마친 뒤, 말쑥한 양복 차림으로 집을 나섰어요.

낮 12시에 맞춰, 정의찬 기자는 카메라 기자와 함께 시청 앞 광장에 갔어요. 시청 앞에는 방송국 기자와 신문사 기자 들이 진을 치고 있었어요.

달빛도시의 시민들과 동물들도 역사적인 현장을 지켜보기 위해 구경 나왔어요.

 오늘은 달빛도시의 나챙겨 시장님과 동물 전체 대표 수퇘지 대장이 '동물권리장전'을 선포하는 날이에요.

 드디어 시청 건물의 대형 시계가 낮 12시를 알렸어요.

 정의찬 기자가 마이크를 잡았어요.

 "저는 지금 사람과 동물이 '동물권리장전'에 서명하는 역사적 현장에 와 있습니다. 잘 알다시피, 이렇게 되기까지 수많은 갈등과 혼란을 겪었습니다. 이제 사람과 동물이, 동물과 사람이 달빛도시에서 더불어 살 수 있는 기틀을 마련하게 되었습니다.

 아, 지금 나챙겨 시장과 동물 대표인 수퇘지 대장이 나란히 시청 건물 앞으로 나오고 있습니다."

 나챙겨 시장님은 시청 앞에 마련된 연단에 수퇘지 대장과 나란히 섰어요. 수퇘지 대장의 뒤로는 동물 대표들이 있었어요.

[동물권리장전]

1. 동물의 권리는 신성불가침의 권리이다.
2. 달빛도시에서 동물은 사람과 더불어 살아가는 존재이다.
3. 동물은 물건이 아니다. 노예도 아니다. 동물은 권리를 지닌 존재이다.
4. 동물은 타고난 습성대로 살 권리가 있다.
5. 동물은 학대받지 않고, 행복하게 살 권리가 있다.
6. 야생 동물은 궁극적으로 자연의 품으로 돌아가야 한다.
7. 크든 작든, 힘이 세든 약하든, 지능이 높든 낮든, 모든 동물의 생명은 소중하다.

수퇘지 대장과 나챙겨 시장님이 마이크에 대고 '동물권리장전'을 같이 읽어 나가기 시작했어요.
　수퇘지 대장과 나챙겨 시장님이 '동물권리장전'을 다 읽고 나자, 동물 대표들과 동물들, 그리고 달빛도시 시민들이 우레와 같은 박수를 쳤어요.
　나챙겨 시장님이 '동물권리장전'의 달빛도시 시장 서명 자리에 도장을 찍었어요. 이번에는 동물 대표의 차례가 되었지요.
　"코끼리 할멈이 하세요."

아, 글쎄, 수퇘지 대장이 연장자인 코끼리 할멈에게 양보하는 미덕을 보였답니다.

코끼리 할멈은 몇 번이고 사양했지만 동물 대표들은 박수를 쳐서 찬성 표시를 했어요.

코끼리 할멈은 느릿느릿 걸어서 '동물권리장전'에 발 도장을 꾹 찍었어요!

동물들이 앞발 뒷발을 구르며 기뻐했지요.

코끼리 할멈이 기념 연설을 했어요.

"이 늙은이가 한마디 하겠습니다. 옛날 옛날에 곰을 사냥하여 먹고 살았던 부족이 있었답니다. 이 부족은 곰을 사냥해서 먹고 살면서도 곰을 존중했지요. 곰에게 영혼이 있다는 걸 믿었고, 곰을 두려워했습니다.

곰 사냥을 나가면 '땅이 곰의 귀'라고 생각해서 말조차 삼갔대요. 곰을 할아버지라고 부르며 존중했고 곰을 사냥해 놓고는 까마귀가 죽였다고 시치미를 떼는 의식을 올렸지요. 그들은 곰 사냥을 했지만 절대 곰을 함부로 죽이지 않았어요. 이런 태도야말로 요즘 사람들이 본받아야 할 태도가 아닐는지요?"

달빛도시 시민들 사이에서 "아하!", "그렇구나!" 감탄하는 소리가 나왔어요.

뒤이어 나챙겨 시장님도 기념 연설을 했어요.

"동물들이 항의할 때까지 저는 동물들에 대해서 잘 알지 못했습니다. 그동안 달빛도시에서 동물들한테 잘못한 일에 대해서 사과합니다. 특히 구제역 파동과 조류 독감 파동으로 목숨을 잃은 돼지들과 닭들에게 진심으로 사과합니다."

나챙겨 시장님은 억울하게 죽은 동물들을 위해 묵념을 하자고 제안했어요.

"묵념 시작!"

일 분 동안의 묵념이 끝난 뒤, 나챙겨 시장님이 연설을 마무리했어요.

"지혜로운 왕인 솔로몬은 마법 반지를 끼고 온갖 동물, 새, 물고기, 벌레와 이야기를 나누었다고 합니다. 우리 모두에게 동물

들의 말을 들을 수 있는 '솔로몬의 마법 반지'가 필요했던 건 아니었을까요?"

나챙겨 시장님의 연설에 달빛도시 시민들은 물론이고 동물 대표들도 감격에 찬 박수를 쳤어요.

박수 소리가 잦아들자, 나챙겨 시장님이 깜짝 발표를 했어요.

"우리 달빛도시는 사람과 동물이 더불어 사는 행복한 도시가 될 것입니다. 아울러 저는 달빛도시 시민들에게 제안합니다. 이참에 우리 도시의 이름을 어두컴컴하고 칙칙한 달빛도시에서 환하고 즐거운 '햇빛도시'로 바꾸는 게 어떻겠습니까?"

시민들과 동물들은 열렬한 박수갈채를 보냈어요.

"햇빛도시 만세!"

시민들과 동물들이 함께 외쳤어요.

'동물권리장전'은 시청 앞에 큼지막한 기념비를 세우고 거기에 새기기로 했어요. 시 의회에서는 동물의 권리를 보호할 수 있는 법을 얼른 만들어서 통과시키기로 했어요.

'뜻깊은 하루였어!'

이 모든 걸 지켜보는 정의찬 기자의 눈에서는 기쁨의 눈물이 흘러내렸답니다.

한편 행사를 마치고 집으로 돌아온 나챙겨 시장님은 엘리베이터에서 내리며 넥타이를 느슨하게 끌렀어요.

그때 현관문 안에서 '왈왈!' 짖는 행복이의 소리가 들렸어요.

나챙겨 시장님이 급히 문을 열어 보니 사랑이의 품에 행복이가 안겨 있었어요.

행복이는 나챙겨 시장님을 보자마자 꼬리를 치며 안겼어요. 얼굴을 마구 핥았죠.

"우리 행복이가 돌아왔구나!"

"왈왈!"

"그동안 고생 많았지?"

"왈왈!"

나챙겨 시장님은 행복이를 안고 환하게 웃었어요.

어린이와 어른들에게 작가가 건네는 말

우리는 왜 동물 권리에 대해 알아야 할까요?

우리는 일상생활에서 '말 못 하는 동물'이라는 말을 자주 합니다. 그런 말 속에는 '말도 못 하는 동물이 뭘 알겠어? 뭘 느끼겠어?'라는 뜻이 포함되어 있지요.

사실은, 우리가 동물에 대해서 잘 몰라서 하는 소리일 뿐이죠. 보통 사람들은 그저 동물들이 하는 몸짓으로 배고픈지, 아픈지, 졸린지 정도만 눈치채지요. 집에서 키우는 개나 고양이 같은 반려동물이랑은 좀 더 알콩달콩 감정을 나누기도 합니다. 하지만 동물원에서 호랑이나 사자나 늑대가 왜 끊임없이 철창 앞을 왔다 갔다 하는지 알아차리는 사람은 드물 거예요. 그 몸짓에서 참을 수 없는 답답함, 절망 섞인 불안과 분노를 읽을 수 있는 사람은 거의 없지요.

어느 날 갑자기, 온갖 동물들이 말을 할 수 있다면 도대체 무슨 일이 벌어질까요? 동물들이 말을 할 수 있고, 자신들의 생각이나 느낌, 주장을 자유자재로 펼칠 수 있다면 과연 무슨 일이 벌어질까요? 이제까지 맛난 먹이를 주고 살뜰하게 돌봐 준 사람들한테 고맙다는 인사라도 꾸벅 할까요?

글쎄요, 그런 희망 섞인 바람은 완전히 버리는 게 나을지도 몰라요. 한 책에 따르면 일찍이 미국의 유명한 가수 밥 딜런이 이런 말을 했대요.
"만약 개가 말을 한다면 소유에서 오는 온갖 즐거움은 사라질 것이다."
개들은 하루 종일 집 안에 갇혀 사는 게 답답하다고 할걸요? 마음껏 거리를 쏘다니고 싶다고 소리 지를 거예요! 개 목걸이랑 범죄자들이 차는 수갑이랑 뭐가 다르냐며 거세게 항의할지도 몰라요. 미용실에 가서 발톱 손질을 하고 핑크색으로 머리 염색을 하는 건 딱 질색이라고 할지도 몰라요. 슈퍼마켓에서 사 온 딱딱한 사료가 맛없다고 툴툴댈 거예요. 사람들더러 만날 이 사료만 먹고 살면 어떻겠냐고 따질걸요?
그렇게 애지중지 키웠는데 배신감이 든다고요? 그나마 개는 나을걸요?

비좁고 더럽고 어두컴컴한 공장식 축사에서 사는 돼지나 닭이 말을 할 수 있다면 우리는 두 귀를 막고 얼른 줄행랑을 쳐야 할 거예요.
동물원의 철창에 갇혀서 하루 종일 구경거리로 살아야 하는 호랑이나 코끼리가 말을 한다면 우리는 두 손을 들고 무릎 꿇고 벌을 서야 할 거예요.
실험실에서 온몸이 꽁꽁 묶인 채 무시무시한 주사를 계속 맞아야 하는 토끼나 침팬지가 말을 한다면, 만약 이 가엾은 동물들이 재판이라도 건다면, 우리는 그동안의 잘못에 대해 어마어마한 배상금을 물어 주어야 할 거예요.
이게 틀림없는 사실이냐고요?

그럼요. 이 책을 쓰기 위해서 국내외의 돼지, 닭, 소, 말, 침팬지, 코끼리, 늑대, 호랑이 들이 사는 형편을 둘러봤답니다. 우리나라 방방곡곡에 있는 말 목장, 돼지 농장, 닭 농가, 소 농가, 동물원을 두루 돌아다녔죠. 외국 여행하면서 주의 깊게 동물들의 처지를 살펴보았고, 그래도 부족한 부분은 동영상이나 책을 통해서 보충했습니다.

그러던 어느 날, 한 동물원에서 이런 일을 목격했답니다.
구경꾼들이 줄타기를 하며 한가로이 노니는 고릴라 앞에서 사진을 팡팡 찍더니 고릴라의 얼굴에다 대고 귤을 마구 던지기 시작했습니다. 귤이 고릴라의 얼굴에서 아슬아슬하게 빗겨 나가면 "아차!" 하며 아쉬워하다가, 고릴라의 얼굴을 정면으로 맞히면 "맞혔다!"며 낄낄거리고 좋아 죽는다는 시늉을 했습니다.
한참을 그러고 있는데, 갑자기 고릴라가 귤을 던지는 구경꾼들을 뚫어져라 쳐다보았습니다. 구경꾼들이 섬뜩해하며 동작을 멈춘 사이, 나는 순간적으로 고릴라의 깊고 커다란 눈동자에서 슬픔이 배어나는 것 같은 느낌을 받았습니다.
나는 구경꾼들을 흘깃 쳐다봤어요. 겉모습으로는 알 수 없겠지만, 특별히 잔인하거나 나쁜 사람들처럼 보이지는 않았습니다. 구경꾼들은 그저 장난삼아 고릴라를 좀 놀려 주었을 뿐이었던 거죠. 하지만 그들에게서 철창 안에 갇힌 동물을, 다른 생명체를 업신여기는 '태도'를 엿볼 수 있었습니다.

네. 우리는 지금 바로 다른 생명체에 대한 '태도'를 이야기하는 것입니다.
주위를 둘러보면 사람으로 태어났으니 당연히 가져야 하는 기본적인 권리인 '인권'조차 누리지 못하는 사람들이 많습니다. 인권도 제대로 챙기지 못하면서 동물 권리에 관심을 갖는 것은 너무 섣부르거나 때 이른 요구가 아니냐고요?
아니요. 절대 그렇지 않답니다.
동물 권리는 단순히 버림받은 반려동물을 보살핀다거나 돼지나 닭 농장을 위생적으로 관리한다거나 동물 실험을 중지하는 것이 아니거든요.
우리는 동물 권리를 이야기하면서 '인권과 사람다움의 참된 모습'을 되돌아볼 수 있게 됩니다. 동물 권리는, 우리 인류에게 지구에서 함께 살아가야 하는 다른 생명체를 어떻게 대해야 하는지에 대해 날카롭게 일깨워 줍니다. 우리가 인간의 존엄성을 소중한 가치라고 생각한다면, 한 생명체를 장난삼아 괴롭히는 행동은 피해자뿐만 아니라 그 행동을 하는 가해자의 존엄성도 해치는 일이 된다는 사실을 말입니다. 우리는 인류의 이익과 편리함만을 중심으로 두는 이기주의에서 훌훌 벗어나서 다른 생명체와 더불어 사는 지혜와 겸손을 배워야 합니다.

동물 권리는 세상의 모든 생명이 서로의 영역을 지키면서 더불어 살아가는 삶의 지혜를 가르쳐 줍니다. 또한 동물 권리에 대한 관심은 자연스럽게 사회적 약자인 어린이, 장애인, 노인, 여성의 권리에 대한 관심으로 연결됩니다.
동물 권리에 관심을 가짐으로써 우리의 정신적, 육체적 삶을 보다 높은 수준으로 끌어올릴 수 있습니다.

동물 권리에 대한 관심의 첫 단계는 동물에 대한 관심과 사랑입니다. 우리가 때론 먹기도 하고 때론 사랑하고 때론 무서워하는 동물들에 대해서 '잘 아는' 것입니다. 가장 먼저 돼지, 소, 닭, 호랑이, 침팬지가 저마다 지니고 있는 '습성'을 이해하고, 그 습성대로 살도록 배려해야 합니다. 더 나아가 우리 사람들이 개성을 지니는 것처럼 동물마다 얼굴도, 성격도, 몸과 마음의 상태도 다르다는 것을 기억해야 합니다. 한 동물이 지닌 '개성'을 충분히 이해해 주어야 합니다. 아니, 아니, 그 무엇보다 먼저 동물이 고통을 느끼고 즐거움을 느끼는, 살아 움직이는 생명체라는 사실을 늘 잊지 말아야 합니다.

지혜의 왕 솔로몬한텐 '마법 반지'가 있었답니다. 이 마법 반지를 끼면 동물, 새, 물고기, 벌레의 말이 들렸대요. 하지만 솔로몬 왕보다 더 고수인 사람이 있었어요. 이 사람은 마법 반지 없이도 동물, 새, 물고기와 이야기를 나누었대요.
바로 1973년 노벨상 수상자이자 비교 행동학자인 콘라트 로렌츠예

요. 콘라트 로렌츠는 자연에서 끈질긴 관찰을 통해 회색기러기가 알에서 깨어나자마자 처음 본 상대를 어미로 알고 졸졸 따라다니는 '각인' 현상을 밝혀냈어요. 오스트리아의 알텐베르크에 있는 그의 집에는 회색기러기, 갈까마귀, 앵무새, 카나리아, 나이팅게일, 수족관의 물고기, 개, 고양이가 아옹다옹 살고 있었답니다. 콘라트 로렌츠는 무엇보다 살아 있는 생명체에 대한 뜨겁고 순수한 사랑을 강조합니다. 콘라트 로렌츠만큼은 아니겠지만, 여러분이나 나도 관심을 갖고 우리 주위의 동물을 관찰한다면 언젠가 동물들이 전하는 말을 알아들을 수 있는 날이 올 것입니다. 반드시!

이 책은 어린이와 어른이 재미있게 읽을 수 있도록 '만약 어느 날 갑자기 온갖 동물들이 말을 한다면 도대체 무슨 일이 벌어질까?'라는 가정하에 꾸민 판타지 동화입니다. 사랑스러운 꼬마 돼지, 아기 코끼리와 함께 '동물 권리를 위한 동물들의 투쟁기'를 읽으면서, 독자 여러분이 신나는 활극과 와장창 소동에 담긴 소중한 정보와 글쓴이가 애써 말하고자 한 메시지를 놓치지 않기를 간절하게 바랍니다.

2015년 여름에 글쓴이 김향금

달빛도시 동물들의 권리 투쟁기

2015년 7월 3일 1판 1쇄
2022년 2월 28일 1판 3쇄

지은이 김향금 | 그린이 이갑규

편집 최일주, 이혜정 | **교정** 한지연 | **디자인** 민트플라츠 송지연 | **제작** 박흥기
마케팅 이병규, 이민정, 최다은 | **홍보** 조민희, 강효원 | **인쇄** 코리아피앤피 | **제책** J&D바인텍

펴낸이 강맑실 | **펴낸곳** (주)사계절출판사 | **등록** 제 406-2003-034호
주소 (우)10881 경기도 파주시 회동길 252 | **전화** 031)955-8588, 8558
전송 마케팅부 031)955-8595, 편집부 031)955-8596 | **홈페이지** www.sakyejul.net
전자우편 skj@sakyejul.com | **블로그** skjmail.blog.me
인스타그램 instagram.com/sakyejulkid | **페이스북** facebook.com/sakyejulkid

ⓒ 김향금, 이갑규 2015

값은 뒤표지에 적혀 있습니다.
잘못 만든 책은 구입하신 서점에서 바꾸어 드립니다.
사계절출판사는 성장의 의미를 생각합니다.
사계절출판사는 독자 여러분의 의견에 늘 귀기울이고 있습니다.
이 책은 저작권법에 따라 보호받는 저작물이므로 무단전재와 복제를 금합니다.

ISBN 978-89-5828-871-8 73330